U0910019

一百位口述者邀您一同阅读口述史

聆听深圳足音……

深圳口述史

2002—2012

AN ORAL HISTORY OF SHENZHEN

中卷

主编／戴北方 林洁

副主编／王璞

·深圳·

图书在版编目（CIP）数据

深圳口述史 . 2002—2012. 中卷 / 戴北方，林洁主编 . —深圳：海天出版社，2020.8

ISBN 978-7-5507-2968-1

Ⅰ . ①深… Ⅱ . ①戴… ②林… Ⅲ . ①深圳—地方史—2002—2012 Ⅳ . ① K296.53

中国版本图书馆 CIP 数据核字 (2020) 第 138554 号

深圳口述史 2002—2012 · 中卷

SHENZHEN KOUSHUSHI 2002—2012 · ZHONGJUAN

出 品 人　聂雄前
责任编辑　南　芳　熊　星
责任技编　郑　欢
监　　制　南兆旭
装帧设计　越众文化传播

出版发行　海天出版社
地　　址　深圳市彩田南路海天综合大厦（518033）
网　　址　www.htph.com.cn
订购电话　0755-83460239（邮购、团购）
印　　刷　深圳市新联美术印刷有限公司
开　　本　787mm × 1092mm　1/16
印　　张　21.875
字　　数　340 千字
版　　次　2020 年 8 月第 1 版
印　　次　2020 年 8 月第 1 次
定　　价　56.00 元

《深圳口述史 2002—2012》
编审委员会名单

主　　编　戴北方　林　洁

副 主 编　王　璞

成　　员　黄漫娥　柳光敏　邓自强　黄　玲
南兆旭　周智琛　王海婷

采编人员　吴振兴　王　硕　梁琼月　成　功
唐文隽　周婉军　叶洋特　邱志东
王炳乾　刘姝媚　张金平　杜　婷
刘小涛　杨端端　黄晓天　颜海琴

序言

P R E F A C E

凝聚起建设先行示范区的磅礴力量

在即将迎来深圳经济特区建立40周年的重要节点，在深圳抗击新冠肺炎疫情取得阶段性胜利之际，《深圳口述史2002—2012》征编工作完美收官，这标志着自2014年以来，在市委、市政府支持下，五届、六届市政协创新开展的大型文史工程《深圳口述史》第一季（1980—1992）、第二季（1992—2002）、第三季（2002—2012）画上了一个圆满的句号。

2002年至2012年，深圳坚持科学发展，经济社会发展实现了新跨越，续写了新辉煌。比如，万众一心抗击非典，取得战“疫”的胜利；经济特区一体化，深圳特区面积从327.5平方公里扩大至1997.47平方公里，成为全国首个没有农村建制的城市；修建高铁，开通地铁，城市立体交通体系拉开建设大幕；经济转型，推进高新技术产业大发展；深圳湾西部通道（大桥）开通，积极推进深港合作；成功举办第26届世界大学生夏季运动会，是大运会历史上最年轻的主办城市；组建报业集团、广电集团，举办文博会和读书月，使文化和艺术找到可耕植的土壤，大放异彩；推出“十大观念”，引起社会广泛关注；举办“深圳关爱行动”，成为全国人均年捐赠额最多、无偿献血和器官捐献人数最多的城市；在经济高速增长的同时，探索生态文明建设的深圳模式，让“深圳蓝”成为城市新名片等等。这一段弥足珍贵的岁月，见证了深圳新的速度，厚植了深圳创新发展的基因。千百万建设者继续以改革创新、敢于担当的精神砥砺前行，用汗水和智慧为城市发展贡献自己的力量，不断书写新的传奇。

关于这一时期的历史叙事，一如既往，《深圳口述史 2002—2012》把握了一系列重大事件、重要改革、重大成就，继续邀请100位各行各业的建设者代表，秉承“亲历、亲见、亲闻”原则，通过讲述个人寻梦、圆梦的故事，反映深圳城市建设的巨大成就和祖国发展的日新月异。他们中不仅有像梁振英、朱悦宁、刘志娇、王敏、马蔚华、王佑贵、朱清时等一批知名口述者，也有像曾柳英、陆普选等来自基层的口述者代表。当一朵朵奋斗者的人生浪花汇聚起来，不仅成为改革开放第一城筚路蓝缕的集体记忆的再现，也是深圳经济特区建设者们敢闯敢试、敢为天下先精神的再现，更是“中国精神、中国价值、中国力量”的中国特色社会主义先进文化的精彩彰显，必将凝聚起努力建设中国特色社会主义先行示范区的磅礴力量。

深圳经济特区建立 40 周年之时，也是粤港澳大湾区和中国特色社会主义先行示范区建设全面铺开、纵深推进的关键之年，是高质量全面建成小康社会和“十三五”规划的收官之年。从中国首批经济特区之一，到如今努力建设中国特色社会主义先行示范区，改革的前沿阵地深圳被赋予了新使命，也迎来了新挑战。上千万深圳人正以永不懈怠的精神状态和一往无前的奋斗姿态，奋力谱写中国特色社会主义先行示范区的壮丽篇章，创造一个又一个逐梦新征程的精彩故事，演绎一段又一段拼搏新时代的深圳口述史。谨以此书献礼深圳经济特区建立 40 周年，致敬那些为深圳经济特区建设以梦为马、只争朝夕、不负韶华的各行各业建设者。

编者

2020 年 5 月

目录

C O N T E N T S

中卷

Volume Ⅱ

2002

—

2012

口述时间

2019年1月23日上午

口述地点

深圳市政协科教卫体委员会会议室

口——述——者

姚晓明

Yao Xiaoming

1957年9月出生于河北保定。临床医学博士，多点执业医师，深圳市政协委员，暨南大学医学院硕士研究生导师，中国医师协会理事。深圳市慈善会晓明眼库基金创始人、深圳市关爱行动公益基金会“姚晓明光明行动”发起人。主编《现代眼库实用技术》《小切口白内障手术学》等学术著作。曾获国家教委科技进步二等奖和广东省科技成果二等奖。曾获评2012年深圳市“十佳医务工作者”、深圳关爱行动10年“慈善楷模”、2017年“中国公益人物”等，曾获得2017年度斯里兰卡－中国友谊奖、2018年“鹏城慈善感动人物奖”等奖项。

在深圳进行角膜捐献移植事业这么多年中，我见到了太多令人动容的故事。我个人觉得捐献已经成为深圳的一种文化。2018 年年底，我考取了中国红十字会的器官捐献协调员资格证，我想让更多的人知道捐献器官、捐献角膜的重要意义，让更多有用的器官，造福于生命垂危、失去光明的人。只要我还有精力，心脏仍在跳动，就要为这个事业坚持不懈地奋斗。

姚晓明：
让更多有用的器官造福有需要的人

壹

工作中，我常常接触到眼角膜溃疡的患者，由于缺乏先进的治疗技术，不少病人在经过痛苦的治疗后，仍旧失去了光明。

意料之外成为眼科医生，不甘平庸立志留深

我成为眼科医生，是一件意料之外的事情。1980 年，我在一家医院的外科实习。有一天，我作为第三助手参与一场甲状腺纤维瘤手术，第一助手是一名年轻的医生。由于那名医生缺乏经验，没有夹住血管，在他剪断甲状腺上小动脉血管的瞬间，一股血柱喷射而出，直冲我的面门。

我仰面倒在了当时还是水泥地的手术室地面上。这一摔，摔断了我的嗅觉神经，也摔断了我与外科的缘分，此后我便转专业到眼科。

1982 年，我大学毕业后，进入了武汉的一家铁路医院。1987 年，我随医院的团队到深圳考察并进行业务交流。那是我第一次到深圳，高耸的大楼，到处充满朝气，与我之前的生活环境截然不同。深圳的一切都新鲜极了！

有一次我和我当时的主任一起去一家业务往来单位，对方的工作人员在闲聊时随口说了一句，这个月的空调费花了 200 多元。而我那时候每个月的工资还不到 100 元。

当时我就想，我一定要到经济特区扎根，在改革开放的大潮中寻找自己的发展机会!

毛遂自荐到眼科医院，奋发图强攻读博士

在美容整形科割了 1 个月双眼皮后，我大着胆子跑到深圳市眼科医院毛遂自荐，然而只有本科学历的我被告知必须有硕士研究生文凭才能进。

抱着留在深圳的决心，我放弃了别人眼中的“铁饭碗”工作，于 1988 年考入山东医科大学（现山东大学）青光眼专业，并在 1990 年年底提前毕业，如愿进入深圳市眼科医院。

但是很快我发现，青光眼发病人群大多集中于中老年，而深圳以年轻人居多，况且医院里已经有两位青光眼博士，自己所学用武之地不大。工作中，我常常接触到眼角膜溃疡的患者，当时主要的治疗方式是用碘酒烧灼角膜，这种落后的治疗方法让不少病人在遭受折磨的同时，也失去了光明，令人十分痛心。

医院当时不仅没有眼角膜供体，也没有相关技术。为了了解角膜病预防知识和更多先进的治疗方法，1992 年我考入暨南大学医学院，攻读当时国内仅有的角膜移植专业博士学位，扎扎实实学了 3 年。

贰

深圳能领全国之先，出台国内第一部器官移植条例，离不开深圳敢于接受新理念、新思想的包容开放精神。

推动国内第一部器官移植条例出台

1998 年 10 月，发生了一件轰动全国的事情。北京的一位眼科医生为了救治病人，到太平间窃取尸体角膜。这件事深深地震撼了我，我由衷地觉得角膜捐献立法迫在眉睫，况且深圳不是有立法权吗，何不先试先行?

于是，我找到时任深圳市人大常委会委员的吴江影，向她谈

了自己的想法。吴江影非常赞同，并委托我起草了《角膜捐献立法议案》。这份议案被递交到深圳市人大常委会进行审议，获得了多数深圳市人大常委会委员的支持，被列入 2000 年深圳市人大常委会的立法规划中。同年，我有幸跟随深圳市人大常委会立法调研小组前往全国各地开展立法调研，各地都对深圳寄予厚望。

后来，在深圳市人大常委会的立法规划讨论过程中又增加了捐肾、肝等器官的意见，最终促成了 2003 年 8 月 22 日《深圳经济特区人体器官捐赠移植条例》的通过。

这是内地第一部关于器官捐献的条例，一经推出就吸引了全国的目光，这件事情太具有历史性！当时作为一名普通市民的我，能为立法做出自己的一点小贡献，感到很骄傲，也为深圳这座城市的创新包容精神感到深深的自豪。

有了先例之后，中央政府也开始重视起器官捐赠移植这件事，派专家组来深圳调研。2007 年，国务院也颁布了《人体器官移植条例》，其中吸收了很多深圳的经验。

让每一位角膜捐献者安眠于光明树下

向春梅是国内第一位眼角膜无偿捐献者。1999 年 6 月 13 日，我为她做了眼角膜摘除手术。而就在 3 天前，我曾去医院看望她，她跟我说："天那么蓝，楼那么高，生命中的一切都那么美好，但是盲人们却看不见。我希望把我的角膜捐给他们，让他们看见一切美好的东西。"

最后，向春梅的眼角膜让 3 位病人重见光明。她的爱心之举也推动了深圳器官捐赠移植事业的发展。她去世后不久，当时的深圳市卫生局、市红十字会发出了《留下光明在人间——关于捐献角膜的倡议》，在深圳掀起了角膜捐献的一个高潮。不久，就有 100 多人主动到红十字会填写角膜志愿捐献表。

向春梅去世 5 天后，我们将深圳市吉田墓园内一棵大榕树命名为"光明树"，将向春梅的部分骨灰安葬于此。此后，深圳所有角膜和器官捐献者的骨灰都可以自愿撒在"光明树"下，以此纪念他们。

“光明树”现在是深圳最著名的一棵树。我记得有一位病人，生前一直强烈要求捐献器官，希望自己也能葬在光明树下，但因他患有乙肝，无法完成捐献的心愿。深圳市红十字会常务副会长知道此事后，感怀于他的爱心，同意了他葬在光明树下的请求。

创立深圳眼库

2000 年年初，深圳市眼库成立。

那时候一天晚上最多有三个人捐献角膜，但是病人没法随叫随到。而取下来的角膜如果在 24 小时内不能及时移植，将会失去使用价值。我们只能紧急通知广州或者其他地区有需要的医院，争分夺秒转移角膜，支援其他省市。这样一来造成了很多不便。而在一些发达国家，医生们可以直接从眼库中提取保存好的眼角膜。所以成立眼库，成了一件非常必要的事情。

眼库成立之初，只是医院的一个小房间，里面只有一台冰箱，后来我们又在这仅有的简易条件下开展了深低温长期保存角膜的实验。

2002 年深圳狮子会成立，我成了第一批会员之一。当时深圳狮子会把防盲治盲作为最主要的一项公益服务项目。于是我向他们提出了改善深圳眼库条件的建议。同年 6 月 30 日，由深圳狮子会与深圳市眼科医院合作建立的“深圳狮子会眼库”在深挂牌，我有幸出任眼库执行主席，为推动深圳乃至全国的角膜捐献事业做出微薄贡献。

叁

我国现有角膜病致盲患者 300 万~500 万人，但每年的角膜移植数量却仅有 1 万例左右。大家缺乏器官再利用可造福人类的知识，我们还需要继续努力。

器官捐献观念需改变

我国一些眼库成立后，却面临着有库无角膜的尴尬状况。全国现有角膜病致盲患者 300 万 ~500 万人，但每年的角膜移植数量却仅有 1 万例左右，缺口非常大。

大家仍普遍缺乏器官再利用可造福人类的知识。

我仍旧记得我第一次劝捐成功的例子。那是蛇口的一位病人，当时他本人已有捐献角膜的意愿，但是他的部分家人出于传统观念的考虑，强烈反对。我踏进病房进行劝捐的时候，他的众多亲属围聚在一起，阵仗颇有些吓人。我硬着头皮向他们讲述器官捐献的意义，让他们了解了器官衰竭终末期的病人和他们家庭的痛苦，而器官捐献则为更多的家庭带来了希望和光明。

最后病人的亲属都理解了。

有被劝捐的对象问我，为什么要做这些吃力不讨好的事情？作为一个医生，这既是职业也是事业，事业不仅是开刀治病，也要推动社会的进步。

当我们行将告别这个世界之时，如果我们能果断地把器官无偿捐献出来，挽救他人生命，我觉得我们就让生命冲破了生与死的藩篱，也让爱进一步洒满人间，让更多人看到希望和光明。

推动全国角膜捐献事业

2017 年 9 月，国务院颁布了《关于取消一批行政许可事项的决定》，有一项是禁止组织器官进出口活动，其中就包括角膜。尽管目前我国可用角膜数量匮乏严重，但是引进的组织器官难以溯源，我认为这是出于保护人民健康和医疗安全考虑的一个重要举措。

这一举措同时也意味着我们要全面推进中国的组织器官捐献。

2018 年年底，我考取了中国红十字会的器官捐献协调员资格证，想让更多的人知道捐献器官、捐献角膜的重要意义。让更多有用的器官，造福于生命垂危、失去光明的人。只要我还有精力，心脏仍在跳动，就要为这个事业坚持不懈地奋斗。我相信越来越多的人会认识到组织器官捐献的重要性，在不远的将来，我们肯定会成为世界上包括角膜在内的组织器官捐献大国。

口述时间
2019 年 5 月 24 日

口述地点
深圳市政协会议厅

口 —— 述 —— 者

李学金

Li Xuejin

1966年5月出生，黑龙江人，天津大学物理电子学博士，现任香港中文大学（深圳）协理副校长兼科研处处长、深圳市传感器技术重点实验室主任。曾任深圳大学科学研究部主任、教授、博士生导师，广东省“千百十”人才省级培养对象，深圳大学优秀学者，香港科技大学访问学者。

我从 1990 年来到深圳，在高校里工作了 30 年。从 20 世纪 80 年代全市只有深圳大学一所高校，到现在有南方科技大学、香港中文大学（深圳）、深圳北理莫斯科大学、哈尔滨工业大学（深圳）、深圳技术大学等诸多院校，深圳的高等教育可以说发生了翻天覆地的变化。三十年河东，三十年河西，我很庆幸自己当时做了正确的选择，从黑龙江奔赴深圳，伴随并见证深圳高等教育的飞跃发展。

李学金：
深圳高等教育发生了翻天覆地的变化

壹

来深圳可能是我一生最好也是最后的机会。

流行歌曲中知深圳

我祖辈是山东人，后因父亲闯关东，迁往黑龙江，我也在此出生。

20 世纪 80 年代，逢国家改革开放，百废待兴，高等教育也处于恢复阶段，我赶上了好时代，于 1984 年从哈尔滨开始了求学生涯。

那时人们常说“学好数理化，走遍全天下”，所以在本科求学阶段，我选了物理专业，但实际上物理这门学科偏基础和理论，离应用较远。于是我攻读硕士，转学微电子技术与半导体器件，主要研究传感器。这在当时是比较时髦的专业，就业也不成问题。

我读大学时，新闻媒体还不是很发达。当时校园里面流行着一首歌叫《夜色阑珊》：“晚风吹过来，多么地清爽，深圳的夜色，绚丽明亮。”这样轻快的歌词，让我了解到，原来南方有一座城市叫“深圳”。

没想到很快我就与深圳“打上了照面”。硕士研究生最后一年时，我到上海出差，趁这个机会顺便到深圳做考察，刚好一个朋友见我临近毕业，便介绍我去深圳大学核技术应用联合研究所实习，就这样，我来到深圳。

听师一席话，选择来深圳

1990 年，我第一次来到深圳。当时深圳大学门口的桃园路还在修，深南大道只是一条土路，沙河西立交桥还是一座小铁桥。不过乱中有序，深圳道路很干净，绿化也做得很好。虽然城市规模较小，但一切都让人感觉到深圳那股蓬勃向上发展的力量。

我在深大的研究所实习了半个月，工作并不轻松。研究所里有一些重油检测的项目，要在高温的马弗炉里把重油碳化，但不能烧起来，这就需要对温度和时间都有精准把控。我负责的其中一项任务，就是每天凌晨三点去关掉马弗炉，那时没有闹钟，但我依然可以准时起床，完成任务。正因为这份认真，研究所王所长对我很认可，在我离开时，他问我是否愿意来深大工作，我当即表示了愿意。

回校后没多久，我就接到王所长的一封信，他们正在计划明年的招生工作，信中王所长向我确认，是否还想去深大工作。

那时的我，碰上了一个选择题。彼时国家改革开放没多久，对外贸有着严格的要求，所有的公司都必须通过外贸公司对外进出口，所以那时外贸公司非常赚钱。在我们那一届学生看来，倘若能去外贸公司工作，那便是最好的工作。我很幸运，被哈尔滨一家外贸公司录用了。

到底是去深圳，还是留在哈尔滨的外贸公司上班？我考虑了整整一个月，直到有一天，我的哲学老师跟我说了一句话：“外贸公司全国都有，去深圳可能是你一生最好也是最后的机会。”就这么一句话，我的心结瞬间打开，下定决心奔赴深圳。事实证明我的选择没有错，如果再来一次，我还会做同样的选择。

贰

深圳大学可谓因改革开放而生，伴改革开放而兴。

深大为深圳培养大量人才

深圳大学可谓因改革开放而生，伴改革开放而兴。

据了解，当年，深圳大学创下了在一年之内建设、招生、开学的“深圳速度”。

而在建校之初，清华大学、北京大学、中国人民大学等全国重点高校更是抽调精锐力量，一批院士专家亲临深大支援建设。

与此同时，出于对因改革开放而生的深大的期待，大批学生选择报考深大。

事实上，地处改革开放前沿的深大确实做了许多创新。为了让学生能交得起学费，深大提供勤工俭学，这是过去许多大学所没有的。同时，深大还鼓励学生办洗衣厂、办实验银行，那时交通和商业都没有那么便利，办实验银行也为学校师生带来许多方便。

或许因为学校天然的创新氛围，我发现，无论是年轻老师还是学生都很有闯劲，有着积极向上的精神面貌。

1991 年，我来到深圳大学，在应用物理系当教师。那时的深大，在经历了一段快速发展期后，开始走向瓶颈期。

由于科研刚起步，且缺少经费，初期研究无法做起来。当时我所在的应用物理系一年只有 15 万元的经费，10 万元用于购买仪器设备，5 万元用于维护。我是研究光纤传感器的，然而学校除了有一段 150 米长的光纤，任何相关设备都没有。

直到 1995 年左右，教育部来深大做教学评估，在参观完深大的实验室后，教育部有位领导反问我们，“你们学校很多专业的课程，都没有实验相关的设备吗？没有正规的训练，怎么就毕业了？”深大领导马上意识到了问题的严重性。

后来深大给深圳市政府写了一份报告，市政府很快就批下来 200 万元的经费，我们在一个月内把实验设备买齐，顺利通过教学评估。这次的教学评估也给了深圳一个警醒，20 世纪 90 年代末，深圳市人大、市政协都开始呼吁深圳要建设自己的好大学。从此深圳大学重新走上了快速发展的道路，现在已经成为国内数一数二的地方高校。

其实深大在满足深圳对人才的需求方面有很大贡献。这么多年来，深大培养了 10 多万名毕业生，如果没有这所大学，没有马化腾、史玉柱、邓学勤这些毕业生，今天的深圳企业或许又是另外一番景象。

深大还开办了成人教育课程，我刚到深圳的时候也去夜大教过书，学生很多是企业的打工者，白天上班，只有晚上有时间来上夜校，很辛苦，但是他们脸上都洋溢着笑容和对知识的渴望。这是深圳的活力，也是它有别于其他城市的地方。

叁

香港中文大学（深圳）的定位是“一个品牌，两个校区”。

香港中文大学结缘深圳

2009 年年底，香港中文大学校董会成立专责小组，探讨在内地成立一所新大学的可行性。为此，专责小组曾研究全国高等教育及研究单位的分布，发觉作为渤海湾、长三角和珠三角三个经济区域重要城市的北京、上海和深圳，教育发展不平衡。以重点大学和国家级研究所数目来看，北京各有 30 多所和 200 多所，上海则各有 20 多所及六七十所，而深圳就只有一所深圳大学，国家级的研究所更付之阙如，即使把整个广东省计算在内，也不过七八所。珠三角面临高等教育和科技发展未能匹配的根本问题，为香港中文大学提供了一个切入点。

深圳毗邻香港，港中大就教研协作与学生交流而言，地理已占优势。同时，深圳市政府十分重视高等教育，投放在教育和研究的经费迅速增长，为学校的发展提供了重要保障。学生们毕业后的职业发展也为深圳加了不少分数。作为创新之都，深圳科技创新风气日盛，高新企业陆续进驻，对相关人才的需求也较为旺盛，学生毕业后能迅速在深圳找到施展才华的舞台。

几经研究与磋商后，香港中文大学决定于深圳建校。香港中文大学（深圳）的建成，对深圳甚至整个内地来说都意义重大。教育部批准学校成立的批文上有一句话："希望香港中文大学（深圳）对中国高等教育起到引领示范作用。"这实际上就是期许我们能够创造出一些成功经验，比如人才培养的模式、体系，然后为国内其他高校提供借鉴。而对于深圳来说，这个城市发展很快，需要高水平的高等教育、需要高水平大学培养出的人才、需要高水平大学的科研成果为之支撑。香港中文大学（深圳）在这方面就能助其一臂之力。

港中大（深圳）坚持特色办学

2014 年，香港中文大学和深圳大学共建香港中文大学（深圳）。新校建立后，除了从本部调来部分香港教授，香港中文大学（深圳）还通过全球遴选招聘了不少优秀教师。我也通过全球遴选，成为香港中文大学（深圳）的协理副校长。

香港中文大学（深圳）的定位是"一个品牌，两个校区"，所以该校的管理体制、办学理念和学生培养方案都是从香港中文大学那里移植而来。香港中文大学（深圳）设立的各专业的教学内容，包括考核内容、考试方法，都需经过沙田校区教务委员会审定和批准，招聘的教师水平也不能低于沙田校区的水平。

虽然是新学校，但香港中文大学（深圳）复制了香港中文大学成熟的管理体系，如此便免去了成立初期摸索的过程。对于一所高校来说，很难有一个具体的"一流大学"的标准，但香港中文大学（深圳）就只有一个标准——香港中文大学的标准，它有具象的参考系。

同时，相比于国内其他高校，香港中文大学（深圳）有很多特色之处，例如书院制、通识教育、国际化教育。

在香港中文大学（深圳），书院是相对于学院来说的另一套并行体系。学院负责专业的设立、培养计划的制订、科研项目的开展等教学工作，书院则包括了教学之外的生活、社团等功能，它营造了家庭的概念，如果说学院是爸爸，书院就是妈妈。

每个书院都有独一无二的理念和故事，还配有自己的宿舍和食堂。书院里面的学生来自不同学院、不同专业，并且还定期轮换，比如宿舍里的舍友会一年一换。书院就像一个小型大学，我们希望学生能在里面与不同专业的人交流，相互学习、相互影响。学校计划共建 6 个书院，现在已经建成 4 个了。

通识教育和国际化教育也是香港中文大学（深圳）的特别之处，学校的通识课课程量大，占总课时的六分之一，还形成了一套成熟的体系和成套的自编教材，通过小班研讨、学生思辨的方式让学生学习。国际化教育不单体现在全英文教学上，更体现在对学生国际视野的培养上，学校已经与 90 多所海外知名高校建立合作关系，学生有很多海外课程、留学交换项目可以选择。

肆

从 20 世纪 80 年代到现在，深圳的高等教育可以说发生了翻天覆地的变化。

推动产学研结合

深圳市高等教育发展的另一个方向，就是推动产学研结合。如今深圳高校越来越多，政府的投入力度也很大，催生了很多科研成果。高校科研成果通常处在创新链的前沿，如果能够和企业应用端结合在一起，就能够形成优势互补，促进产业发展。

2008 年，我担任了深圳市传感器技术重点实验室主任，2012 年组建深圳光纤传感网工程技术实验室，我也担任主任。除了在实验室进行学科研究外，我还组建了一个产学研联盟，试图把高校与企业、企业上游与下游之间联系起来。联盟刚成立时，我们逐个打电话给企业，邀请他们加入，开始有些企业不太理解，还以为我们是骗子。后来他们发现，我们确实是去帮他们的。几年下来，我们帮助一些企业与高校建立合作，研发出了很好的产品，越来越多企业自愿加入我们这个联盟，现在联盟里已有 60 多家企业。

在高校与企业的合作中也存在一些障碍，其中一点就是企业无法将高校的科研成果转化为产品。华为在这一点上值得借鉴，它不需要高校直接给出产品，而是能够自行将其转化。例如香港中文大学（深圳）一位院士研究的优化算法在华为的 5G 通信系统中有所应用，华为买来算法，会自主研究，这是别的企业较少具备的。要打破这一局面，可能需要政府、高校、企业三方的共同努力，一旦成功突破，我国的创新能力会有飞跃式的发展。

深圳高等教育飞速发展

我从 1990 年来到深圳，在高校里工作了 30 年。从 20 世纪 80 年代全市只有深大一所高校，到现在有南方科技大学、香港中文大学（深圳）、深圳北理莫斯科大学、哈尔滨工业大学（深圳）、深圳技术大学等众多院校，深圳的高等教育可以说是发生了翻天覆地的变化。

近几年深圳建起许多所名校分校，我认为这不失为一条发展高等教育的好途径，因为这种模式能够整合利用全球的优势资源，对学校的建立和发展起到很大的作用。独立办大学难度非常高，香港中文大学（深圳）是把香港中文大学先进的理念和体系全部移植过来，所以能够快速发展，但即便如此，过程也颇为艰苦。

事实上，深圳在高校建设方面的优势非常明显。深圳市政府是一个开明的政府，我刚到深圳时就有体会，现在与其接触愈多，愈能发现领导很有水平和远见，他们真心在帮助学校发展，深圳的经济实力也能为高校发展提供足够的财力支持。同时，深圳的地理位置毗邻香港，因此能向香港学习一些国际化教学的经验。

对于我来说，深圳几乎意味着全部。我从工作第一天起就在深圳，每次出差回来，下飞机时也总觉得深圳的空气特别清新，有股难以言表的味道，我将其理解为对这个城市的爱。就像我开头说的，如果现在问我，再来一次我还会不会选择深圳，我的答案还是肯定的，一定会的。

口述时间

2019 年 2 月 21 日下午

口述地点

中芬设计园

口 ———— 述 ———— 者

封昌红

Feng Changhong

1967 年 8 月出生于山西。南开大学 MBA、澳门科技大学 MBA，广东省第十二届政协委员，深圳市第五届、第六届政协委员。现任全国工业设计产业创新联盟秘书长、深圳市工业设计行业协会执行副会长兼秘书长、河北工业设计创新中心主任、深圳创新设计研究院战略咨询委员会执行秘书长，中芬设计园创始人。曾获“2016 时代深士”、“深圳市十大杰出青年”、“中国工业设计十佳推广杰出人物”、“中国设计贡献奖十大风云人物”、“中国创意产业年度十大领军人物”、“2015 中国优秀创新企业家”、2012 年度和 2013 年度“深圳十大创意人物”、“首届深圳百名优秀义工”、“广东省优秀女企业家”等荣誉称号。

1991 年我来到深圳，从一名软件设计师转型进入工业设计领域。经过近 30 年的努力耕耘，深圳工业设计行业从 0 到 1，再从 1 到 N，从追随世界的脚步到让世界看到深圳的设计，让深圳拥有了两个闪亮的国际化标签：“设计之都”与“创客之都”。如今，海纳百川的深圳正敞开梦想的大门，吸引着更多优秀的设计师和创新者来到这里。未来，深圳仍会是一座充满希望、远见与活力的城市。

封昌红：
让深圳设计走上世界舞台

壹

来到深圳后，我成为一名软件设计师，对工业设计一知半解，抱着软件设计师也是做设计的想法，我从策划运营田面设计之都产业园开始，便懵懵懂懂地一头撞进了工业设计领域。

来深圳闯荡发挥所长

1990 年，我从计算机专业毕业，却在家乡湖南陷入了找不到对口工作的尴尬境地。彼时，全国都在大力宣传深圳，我想这座处在改革开放最前沿的滨海城市或许有更多的机会。

抱着发挥自己所学的想法，1991 年 10 月，我来到了深圳。

高大的写字楼、创下“三天一层楼”奇迹的国贸大厦……深圳的一切对刚过来的我，充满了新鲜感。幸运的是，我很快就在深圳特发华日汽车企业有限公司旗下的一家汽配商场找到了程序员的工作。

20 世纪 90 年代是属于传呼机的时代。1992 年，由于工作出色，我被调到当时深圳经济特区发展（集团）公司旗下的特区传呼机有限公司，编写寻呼台程序，后晋升为经理。

深圳给了我工作发展的机会，而 1993 年夏天一场忽然而至的暴雨，也在悄然间加深了我对深圳的感情。

当时寻呼台的办公室设在国商大厦的20楼，当天电梯坏了。等我到公司时，身有腿疾的寻呼员黄革联已经在工作了。我难以想象，她是怎样拄着双拐、蹚过深水、爬上20楼的，我的眼睛一下子就湿润了。

当时我萌生了一个想法：招收一批残疾人做寻呼员，解决他们的就业问题。我的想法得到了公司和深圳残联的支持。1996年，30位残疾青年应征上岗，成为特区第一批残疾人寻呼员。

这种真正帮助残疾人的举措在深圳乃至全国产生巨大反响，还上了新闻联播。后来，特区传呼台更名为“爱心传呼台”，免费为残疾人进行电脑培训，也带动了一大批有社会责任感的企业单位加入爱心事业。

1998年，我担任深圳翔龙通讯有限公司传呼台台长，带着手下的800多名寻呼员成立了一支义工队，奔波于深圳的大街小巷，为深圳的美丽建设贡献一点小小的力量。

这些事情，让我对深圳产生了不同于以往的深厚感情。这座城市有人文关怀，有温暖有爱心，我在这里能够实现社会价值和人生价值。

从软件设计向工业设计转型

2000年前后，我离开式微的传呼机行业，创立了壹佰在线互联网公司。

2003年，深圳在全国率先开始实施文化立市战略，提出打造“设计之都”。

一次偶然的机会，在企业家合唱团上，有领导问我愿不愿意做与设计有关的事，当时我对设计一知半解，抱着软件设计师也是做设计的想法，便懵懵懂懂地一头撞进了工业设计领域。

2006 年 8 月，我加入深圳灵狮文化传播有限公司并担任总经理，开始着手策划运营田面设计之都创意产业园。

当时，“二房东”这种简单的经营模式在大多数创意产业园里大行其道，我们当时对田面设计之都创意产业园的定位是做成全国标杆。如此一来，在基础物业服务之外，我们还需要打造产业园特有的核心服务。

过去在寻呼行业，基础的通信服务之外还有很多增值服务，借鉴这个模式，我们首创了数字化一站式文化创意产业园的全新模式，打造了六大增值服务平台，实现了从“二房东”到“经纪人”的跃升。

帮助入驻企业寻找客户、重视知识产权保护、举办设计培训与认证、提供金融服务、宣传推广及品牌塑造等创意链条环环相扣。原本松散的个体品牌在此凝聚，形成一股更强有力的品牌力量。当时，这个全新的产业园模式一出，就在全国引起轰动，很多专家学者对这套运营模式给予了极高的评价。

田面设计之都产业园的成功是深圳设计产业升级的一个里程碑，而我也因这个契机，正式从通信产业跨越到了文化设计产业。

贰

深圳工业设计行业协会刚成立之时，许多外国人认为深圳设计能力不强。当时我们下定决心，要让世界看到中国的设计！

举办首届中国（深圳）国际工业设计节

2008 年，三诺数码集团主席刘志雄发起成立深圳工业设计行业协会（以下简称“协会”），我受刘志雄邀请出任协会首任秘书长。

协会成立之初，一共只有 4 个人，我们挤在一间不足 10 平方米的小房间，立下了宏图大志：深圳的设计必须国际化，我们要让世界看见中国的设计，而且是看见影响世界的中国设计！

但是当时我们的事业刚刚起步，还以模仿为主，深圳被很多人看做是手机产业的追随者，我们该如何改变现状，走上国际化？这着实让我们头疼了一阵。

那时恰逢深港两地联手打造“深港创新圈”，我们就决定从邻近的香港入手。当时的深圳市领导非常支持我们联手香港打造国际化品牌的策略，并带领我们拜访香港设计中心，港方也十分赞同我们提出的合作思路，认为双方可以优势互补。

欣喜的我们回到深圳就着手策划。于是，首届中国（深圳）国际工业设计节诞生了。2008 年 12 月，与香港的年度旗舰项目“设计营商周”同期举行。

如今，举办设计节对我们而言已经驾轻就熟了，但对当时只有 8 个人的团队来说，却是件顶天的大事。那是我们第一次承办大活动，要接待上千位嘉宾，可是一开始我们连开幕式上的“启动仪式球”去哪弄都不知道，全靠自己一步步摸索出来。当时心中只有一个想法：首届设计节的规格一定要高，不然今后再想打响品牌就难了。

最后，首届中国（深圳）国际工业设计节获得了巨大成功。在开幕式上，深圳与香港两地签署了《深港创新圈——深港设计战略框架合作协议》，深圳工业设计开始向国际舞台迈进。

参加“伦敦百分百设计展”

2011 年，我带队走进“伦敦百分百设计展”。“伦敦百分百设计展”是全世界唯一一个必须经专业评审团审核后方能获得参展资格的展览，也是全球最受瞩目的商业性设计展会，这个被誉为“世界设计风向标”的展览在过去很少有中国人的身影。

2009年，我们第一次跟“伦敦百分百设计展”的评审团沟通，希望参展。当时设计展评审团主席问我们：“你们中国有设计吗？No design，just copy（没有设计，只有模仿）。”

道路虽然艰难，但我们必须走下去。此后，我们不断地以书面形式向评审团全面介绍深圳的工业设计情况，并邀请评审团到深圳的各个设计公司参观，加上华为、中兴、飞亚达等企业的产品设计水平逐步提高，最终在2011年，我们站上了设计展的舞台，让世界看到了深圳的设计。

那一次走出去，我们的设计师发现自己与世界的差距原来那么大。国外的设计师在做设计之前会做大量前期调研，为了将设计做到极致，可以不计成本地调整成千上万次，虽然我们目前还做不到，但是这样的理念可以传播根植于每个设计师心中。

我们也获得了一个全新的国际化视野，原来设计可以融入生活，也能带来不同的商业原型，这些都是很大的收获。

2014年，我们第四次带领展团参加“伦敦百分百设计展”，在那次展览上，“深圳馆”升级为“中国馆”，中国设计在国际顶级设计舞台上立足了。

德国iF设计大奖海外展厅落户深圳

2012年12月，深圳市政府出台了《关于加快工业设计业发展的若干措施》的政策，并且每年拿出一亿元专项资金用于推动工业设计行业发展。

2013年，深圳引入“伦敦百分百设计展”专家评审机制，成功举办了全国规模最大的展会——中国（深圳）国际工业设计大展。这次大展赢得了国际上的广泛关注，并获得了国际顶尖设计大师的尊重，为中国的工业设计在国际赢得话语权迈出了里程碑式的一步。

也是在 2013 年，被誉为“设计界奥斯卡”的德国 iF 设计大奖首个也是目前唯一的一个海外展厅落户深圳，通过多媒体的方式向市民和业界免费展示 iF 设计大奖 60 多年来的获奖作品，这是对深圳的肯定与鼓舞。

当时，我还记得德国 iF 设计大奖组委会主席拉夫·魏格曼在接受采访时说，深圳政府对工业设计的高度重视非常明智，而且深圳这座年轻的城市充满创意与活力，聚集了许多年轻设计师，他们是设计界未来的力量。

2014 年，我们花了 6 个月时间建成深圳与赫尔辛基合作设立的中芬设计园，吸引了几十位中外著名设计大师入驻。

如今，这股力量越来越强大。

叁

“设计之都”让深圳有远见，“创客之城”让深圳有活力。过去十年我们从跟跑到与国际并跑，下一个十年，我们要让世界看到深圳的创新，让深圳设计能够代表中国设计走向世界领跑的地位。

推动创客生态发展和创新成果转化

很早我们就开始关注深圳的创客。创客是传统制造业与设计业的一个结合点，他们既需要传统制造业的基础，也需要创新设计的新意。工业设计能填补创客从一个创意到成品的所有需求，而创客则能给工业设计带来更广阔的未来，所以我们决定做将两者结合的推手。

2013 年，深圳工业设计行业协会带领深圳创客成立了创客专委会，开始推动创客生态发展和创新成果转化。

当时，深圳已经具备了创客发展的市场环境和软硬件基础条件，然而要成为全球创客之城，必须得到更多支持。

2014 年，我们前往巴塞罗那参加第十届全球微观装配实验室年会 (FAB10）。Fab Lab 是美国麻省理工学院比特与原子研究中心发起的一项新颖实验，一个几乎可以制造任何产品和工具的小型工厂，而 Fab Lab 年会则是该研究中心发起的一项国际创客交流活动。

会上，Fab Lab 的创始人尼尔教授表示 FAB12 将在中国举办，地点会在深圳和上海这两个城市中选择。年会结束后，我立即找到尼尔教授，告诉他深圳是一个创新的城市，非常希望承办 FAB12。当时他没有多言，只留给我一个邮箱。

回到酒店后，我一刻也不敢耽误，立马把深圳的情况详细发给了尼尔教授并邀请他来深圳考察。2014 年 11 月，尼尔教授来深圳参观，在这座城市待了不到 30 个小时后，就爱上了这里，并且被华强北深深吸引。

最终 FAB12 花落深圳。

2016年8月，为期10天的FAB12年会系列活动在深圳举办，这也是 FAB 年会在中国的首次亮相。几千名 Fab Lab 的核心成员、各领域科学家和技术工程师齐聚深圳，举办了 110 场学术工作坊，让深圳的创客们大饱眼福。

年会期间，国际微观装配实验室基金会还与深圳签署了两项合作协议，为全球创客提供智能制造平台，助力深圳打造世界知名的国际创客之城。

在深圳闻到创新气息

2016 年 10 月，全国“大众创业万众创新活动周”（双创周）在深圳举行。那是我们最难忘的一次承办活动的经历。

早在 2016 年 6 月份，我们就开始策划方案，在双创周倒计时 1 个月的时候，我每天对团队说得最多的一句话就是“责任重大，使命光荣”，几十个工作人员几乎每天睡在现场，无暇休息，到最后 10 天的时候，我们每天都睡不到 2 小时，甚至到了一坐下来就能睡着的地步。

最后，双创周获得了中央领导的 8 字评价：超乎预期，难以想象。那一瞬间，我和工作人员抱头痛哭。

我想起过去到国外进行交流时，总羡慕国外一些城市，觉得那些城市可以闻到创新的气息。就在举办全国双创周那个时候，整个城市都因创新而沸腾了，每天都有超过 10 万人来参观交流。我觉得我在深圳也闻到了创新的气息，创新正在一点一滴地进入市民的生活。

保护知识产权就是保护创新人才

2017 年，中芬设计园率先成立了全国首个工业设计知识产权保护工作站；2018 年，深圳出台了《深圳经济特区知识产权保护条例》，并于 2019 年 3 月 1 日起实施。诚然深圳在知识产权领域一直走在全国前列，但知识产权保护生态体系尚未形成。

我们始终相信，创新的根本是人才，而保护知识产权，就是保护创新人才，让知识产权成为有金融价值的优质资源，这将会吸引更多的人才到来。

一间10平方米的小房间内产生的梦想，一步步实现，并达到了今天这样一个引领全国的地位，这是深圳赋予我们的机遇和勇气。

未来，我们依旧会带着这份勇气与担当推动深圳不断创新，希望深圳设计在未来依然能够代表中国设计走向世界。

口述时间

2019年5月28日下午

口述地点

深圳农业科技大厦

口述者

王多加

Wang Duojia

1963 年 10 月出生于天津塘沽，生态学博士，高级农艺师。深圳市福田区第四届、第五届人大代表，深圳市第五届、第六届政协委员，曾任深圳市农产品质量安全检验检测中心副主任。近 30 年来，一直从事与农产品、食品质量安全相关的检验检测和实验室管理工作，参与 20 多个农业相关标准的制定，在国内外学术刊物发表论文 42 篇，是 PR2000—A 型农药残留速测仪实用新型发明专利的第三发明人。

深圳是一片非常肥沃的土壤，只要你愿意播种、努力耕耘，就一定会有收获。在近 30 年的农产品质量安全检验检测工作里，我见证了深圳农产品质量检测从无到有，规模从小到大，从只能检测个别项目到农产品、农业投入品所有项目的全覆盖。在这个过程中，我不但收获了一份挚爱一生的工作，更是为社会创造了一点微薄的价值，感恩深圳这座伟大的城市。

王多加：
辛勤耕耘守护市民“舌尖上的安全”

壹

那时，我的一些大学同学早就来到了深圳，我时常从他们的话语里听到对这座南方新兴城市的描绘：朝气蓬勃，充满活力。自小在北方长大的我特别向往南方，此后更是一心想来深圳闯荡。

一心想来深圳

我出生于天津，3 岁时随父母支边到了兰州。1980 年高考后，我选择了离家近又非常出名的兰州大学化学系。此后的 4 年间，刻苦的学习生活与丰富多彩的社团和文体活动共同编织了我难忘的大学生活。

1984 年本科毕业后，我顺利留校担任班主任，同时在兰州大学分析测试中心担任助理工程师一职，从事教学、科研工作。1988 年，我考入了兰州大学化学系分析专业的硕士研究生，在化学研究方向继续深造。

那时，我的一些大学同学毕业后就来到了深圳，参与筹建深圳大学。我时常从他们的话语里听到对这座南方新兴城市的描绘：朝气蓬勃，充满活力。自小在北方长大的我特别向往南方，此后更是一心想来深圳闯荡。

孤身一人来深闯荡

1990 年，在硕士研究生毕业前夕，我独自怀揣简历来深圳找工作。初到深圳，人生地不熟，我只能在电话通信本上寻找化学化工之类的单位，然后一个个打电话，上门寻找工作机会。我在深圳找了两个月的工作，硬生生磨坏了一双皮鞋的鞋底，后来终于在深圳市农业科学研究中心分析测试室（以下简称“分析测试室”）找到了非常对口的工作。1991 年毕业后，我就顺利地来到了深圳。

在来深圳之前，我已经在兰州大学待了 11 年，因为一直从事化学方面的科研工作，常常对工作的现实意义产生困惑。来到深圳之后，我开始从事农业方面的工作，所以常常要深入田间地头抽取化肥、农药、土壤及蔬菜样品进行检测，所有的工作内容都与民生生活休戚相关，这使我产生了一种从未有过的归属感与使命感。

尽管当时深圳各方面的基础设施都还未完善，生活条件也比我在兰州时差了一大截，但在深圳没有论资排辈，没有条条框框，只要愿意奋斗，就会有好的未来。所以我心中充满了希望与信心，浑身更是充满了干劲。

贰

农药残留检测室通过从果蔬流通的源头齐抓共管，全面加强深圳批发市场的监管力度，使有毒果蔬无避风之港，进一步保证了深圳市的果蔬食用安全。

农产品质量安全开始受到关注

2000 年以前，只有工业产品经过检验合格才能流通到市场上，而农产品无需经过安全检测，直接就从田间地头上了市民的餐桌。我刚到深圳市农业科学研究中心分析测试室时，我们的重点工作就是对工业产品，比如化肥、农药等做相关的质量检测。

那时候，不少高残留农药在农业生产中使用得非常频繁，每年都会有农药残留中毒的事件发生。1998 年，我们曾在深圳随机选择了一家农贸市场，做了一次蔬菜农药残留情况的摸底调查，检测结果显示，不合格率竟将近 50%，这对市民的健康安全构成了严峻的威胁。

为此，我当时专门写了一个“关于尽快在深圳市开展果蔬农药残留快速检测的建议”提案，被民建深圳市委会选作广东省政协民建界别的大会发言。

发现果蔬中农药残留问题之后，当时的深圳市各级农业行政主管部门非常重视，加大了对蔬菜主产区农药安全使用的管理力度，也提高了对果蔬农药残留监测的投入效率。此后，分析测试室的工作重心也逐渐从对工业产品质量检测转向了对农产品的安全质量监管和检测。

深圳率先在大型农批市场设立农药残留检测室

考虑到深圳是一个农产品输入型城市，95% 的农产品来自外地，流通领域的源头必须把好关。于是在 1999 年年底，当时的深圳市农业和渔业局投资 200 多万元，由我们分析测试室承办，在深圳最大的农产品批发市场——布吉农产品批发市场建起了全国第一家农药残留快速检测室，购置了气质联用检测仪、农药残留速测仪等一批检测设备。2000 年 1 月 1 日，刚刚建成的布吉果菜农药残留检测室迎来了新世纪的曙光，领导带着我们十几个同事，从当日零点开始抽样检测，也是从那时候开始，深圳的农产品检测工作正式拉开了序幕。

2001 年，福田农批市场也建立了农药残留检测室。当时检测室实行三班倒制度，除了大年三十，每天 24 小时不间断地对农批市场内的果菜进行抽检，并对抽检不合格的产品及时进行销毁。为了解决人手不足的问题，我们从深圳高职院和深圳大学招聘了一批即将毕业的学生。可能因为行业的关系，当时这批学生几乎都是女生。

农产品交易基本都是在午夜 12 点以后进行，每当人们进入梦乡时，我们带领着这群女孩开始对进场交易的蔬菜连夜进行检测。我记得有好几次，有的商贩的果蔬被抽检出农药残留超标，为了逃避惩罚，这些商贩在夜色中掉头就跑，检测室的女孩子们骑上自行车就追，坚决不让这些农药残留超标的果蔬流入市场。

那时农批市场的环境不好，夏天又闷又热，还时常混合着烂菜烂果的味道，我们进行检测工作时，穿着厚厚的工作服，没一会儿就浑身大汗；而冬天则又湿又冷，有时冻得手都拿不住笔。尽管工作环境恶劣，大家的工作热情都非常高。我们的付出赢得市民的高度评价，大家称呼我们为“农产品质量安全的守护神”，福田农批市场的农药残留检测室还被评为“广东省巾帼文明岗”“深圳市三八红旗集体”“广东省窗口之星”，这让我们非常感动，也更加明白自己工作的重要性。

农药残留检测室通过与其他有关部门对果蔬流通的源头齐抓共管，同时加强从农田到批发市场、超市和农贸市场全链条的监管力度，使不合格的果蔬无避风之港，进一步保证了深圳市的果蔬食用安全。

自主研发农药残留快速检测仪

我们最初开展农产品农药残留检测工作的时候，只有一种速测卡，需要靠人手捏着速测卡对样品一个一个进行检测，这样就出现了两个问题：一是检测速度慢，二是不够准确。

考虑到市场上需要快速的大批量检测，我们当时就想发明一台全自动化的快速检测仪。经过一段时间的研发，2000 年，PR2000-A 型农药残留速测仪在我们的努力下诞生了。

这台完全由我们自主研发的农药残留速测仪能使速测卡的酶抑制反应在最佳状态下进行，不受气候、人为因素影响，同时适用于大批量检测，也非常便于携带，极大地提高了效率。

尽管 PR2000-A 型农药残留速测仪还只是一个半定量的仪器，只能告诉检测人员存在农药残留超标事实，无法得知具体是什么农药超标、超标了多少，不能像大型精密仪器一样进行定性定量检测，但对农产品的生产者和经营者开展自检自查、全面推动基层的检测工作发挥了重要作用。

那时候，我们平均每年能抽检蔬菜近 5 万批次，深圳在果蔬农药残留检测方面所做的工作，在全国引起了轰动。每个月都有来自全国各地农业相关部门的人员来深圳了解情况、参观学习，深圳的农药残留检测经验也在很多城市得到了推广。

叁

通过几年的努力，深圳农产品质量安全抽检合格率从 2001 年年初的 58.9% 提升到了 97%，而且近十年更是一直保持在这个水平线以上。

实现从农田到餐桌的全程质量安全监控

2001 年年初，国家质量技术监督局公布了对二十几个大城市蔬菜中农药残留的抽检结果，结果显示污染率较高。为此在 2001 年 4 月，农业农村部启动了“无公害食品行动计划”，目标是在 2 ~ 3 年内实现从“农田到餐桌”的全程质量控制。

为了贯彻落实“无公害食品行动计划”的指示精神，确保市民吃上放心菜，2001 年 11 月，深圳市正式批准成立了深圳市无公害农产品质量监督检验站，我被任命为检验站的行政部长和技术负责人。

当时检验站主要负责全市蔬菜生产基地的监测和认证、农产品质量及化肥农药等农用物资的质量监督检验和农产品质量安全行政执法。

与此同时，我们积极开展全市无公害蔬菜监测网络的构建，除了为每个区无公害农产品质量检测站的建设提供技术支持外，在 2000 年到 2005 年的短短几年间，还为蔬菜生产基地、批发市场、超市、配送中心、农贸市场、工厂、学校、幼儿园食堂等培训了几千名质量监督检验员，构建了一张庞大而严密的无公害蔬菜监测网络，实现了从农田到餐桌的全程质量安全监控。

通过几年的努力，深圳农产品质量安全抽检合格率从 2001 年年初的 58.9% 提升到了 97%，而且近十年更是一直保持在这个水平线以上。

三检合一，农产品质量安全更上一层楼

2011 年，深圳市农产品质量监督检验站与深圳市肉品卫生监督所、市水产品检验中心合并，成立了深圳市农产品质量安全监督检验检测中心（以下简称“农检中心”），我出任中心副主任一职。

当时，深圳市、区、街道办的农产品质量安全监测网络已经相当完善和成熟，第三方检测机构也蓬勃兴起，完全能够承担农产品的例行检测任务。于是我们开始重新思考农检中心的定位：不能仅停留在做技术性的检测工作，要从全局出发，让深圳的农产品质量更上一个台阶。

三检合一后，新成立的市农产品质量安全监督检验检测中心配备了一批先进的大型检测仪器，检测能力得到了极大提高，可检测项目也增加了很多，譬如重金属、微生物的指标，基本上涵盖了果蔬产品、水产品和畜禽产品及其农业投入品的全部检测项目。于是，农检中心加强了在精确定性定量检测方面的工作，为相关单位提供执法支持；同时利用 20 多年积累的大数据开发了食品安全风险评估信息平台，制定针对性的监管方案；此外还对第三方的检测机构进行技术指导和监督检查。

为了让市民更深入地了解农产品的检测工作，我们每年都举办实验室开放日活动，邀请市民近距离地观察了解检测的全过程，增强市民对农产品的消费信心。我们也采取多种形式开展主题宣传活动，积极地向市民普及食品安全科学知识。现在，更是每个星期都及时公布农产品的检测结果，让市民可以第一时间了解到农产品的质量状况。

肆

让大家了解更多的农产品、拥有更广的食谱，非常有必要。于是，“出一本农产品科普书籍”的种子就在我们心里种下了。

编纂农产品系列科普书籍

2011 年，市农业和渔业局领导到农检中心参观调研时对我们说：“你们是做农产品的，为什么不把这些农产品编成书或者册子，向大家做科普呢？”

经领导提醒，我们就想到，其实市面上流通的农产品种类非常多，果蔬就有几百种，鱼类也有上百种，但不管是果蔬还是鱼，大家一般都只吃自己熟悉的一些品种，对其他不少非常有营养价值的产品却很少问津。

让大家了解更多的农产品、拥有更广的食谱，成了我们的一个心愿，于是，“出一本农产品科普书籍”的种子就在我们心里种下了。

从 2012 年开始，我们就着手准备。2014 年，在多位业内专家的共同努力下，由我主编、一共有 60 万字的图文并茂的《深圳市场蔬菜图谱》和《深圳市场水果图谱》正式出版，两本书基本涵盖了目前深圳市场上的果蔬品种，从产品的起源、产地、生长特征到如何选购、营养价值、烹饪要领等，面面俱到。

当时两本书一经面世，就在同行和市民中产生了非常好的反响。

之后，在果蔬篇的基础上，从 2014 年到 2018 年，我们又陆续出版了《深圳市场水产品图谱》《深圳市场食用家畜产品图谱》和《深圳市场食用家禽产品图谱》。

希望今后市民可以吃得更好、更放心

有一次，我的一个同事参加完一场全国性会议回来后对我说，会议上很多领导都提到了深圳的这套农产品科普书，给予了极大的肯定。这对我而言，更是一个莫大的鼓舞。

从事食品安全工作，让我由衷地产生了强烈的社会责任感，也让我深觉这份工作意义重大。在深圳的近 30 年，我见证了农产品质量检测从无到有、从有到优的巨大变化，实实在在地感受到深圳市委、市政府的投入和把关力度，希望今后市民可以吃得更好、更放心。

口述时间
2019 年 8 月 16 日下午

口述地点
深圳市政协会议厅

口 —— 述 —— 者

宋　丁

Song Ding

1955年2月出生于山西太原，毕业于南开大学哲学系和社会学系，是我国著名社会学家费孝通教授亲自指导的第一届研究生。综合开发研究院（中国·深圳）旅游与地产研究中心主任、研究员，兼任中国城市经济专家委员会副主任、中国智慧城市专家委员会首席专家。多年来，深耕城市战略、旅游地产等领域，为各地政府和企业的发展做出了重要贡献，成为国内城市战略和旅游地产领域的著名策划专家。已出版《城市学》《旅游地产及东部华侨城实践》等专著5部，出版《深圳经济特区的探索之路》《生态旅游理论辨析与案例研究》《21世纪中国主题公园发展论坛》等合著编著14部，发表论文300多篇，获得马洪学术研究优秀成果奖等多个奖项。

深圳的建市历史仅仅 40 年，就走完了别的城市几百年的发展道路，创造了世界城市发展历史的奇迹。我来深圳将近 30 年，亲历了多次改革的浪潮，亲眼看到了深圳的巨大发展和进步，看到了时代对深圳的眷顾和召唤。现在，我最引以为傲的事就是生活在这个时代，生活在深圳。

宋　丁：
从社会学视角为深圳发展贡献一份力量

壹

我想关注中国现实社会，参与这个时代的改革开放和建设。

艰苦岁月，勤学苦读

我们这代人，在“文革”的年代里长大。那时候，我身边的同龄人在忙着参加社会上的各种活动，而我却一心想读书，想方设法找书看。那时候找书也不容易，偶尔在书店的角落找到一些还不错的唐诗宋词读本，已是非常难得。有一次，我在一家书店的仓库里竟然找到了一本《英语 900 句》，高兴得爱不释手，每日捧读。

1974 年 7 月高中毕业后，我自己做了一个木箱子，背了整整一箱书就到太原郊区的一个农村插队去了。那时候乡下经常停电，我白天做农活，晚上就点着煤油灯读书。到了冬天实在冷得不行，烧几张报纸，然后趁着有点热气赶紧钻到冰冷的被窝里读书。

因为我爱看书也能写点东西，后来被当地的区政府抽调到区里，帮区干部写一些材料，林林总总写了十几万字。我记得有一回，副区长要我帮他写一个读书讲座报告，主题是恩格斯的著作《路德维希·费尔巴哈和德国古典哲学的终结》，任务很紧，第二天一大早就要交报告。我哪里懂那么深奥的马恩著作啊！但任务在身，身不由己，我愣是一晚上没睡，似懂非懂地啃完了这本著作，并结合当时的社会形势，洋洋洒洒写了一篇万字报告，第二天交报告时，区领导都震惊了。

插队的岁月里，我主动或被动地学习了很多的知识和生活经验，这让当时 20 岁左右的我受到了很好的锻炼，也对我今后的学习和工作产生了不可磨灭的影响。

参加高考，改变人生

1976 年年底，因为写作能力突出，我被推荐到当时的山西省商业局以工代干。1977 年恢复高考，听到这个消息后，我却陷入了纠结：在人人艳羡、来之不易的“铁饭碗”和梦寐以求的高考之间，久久无法做出抉择。

一天，我又怀着重重心事去办公室，在打开水时一不留神把暖水瓶给摔破了，就在瓶胆“啪”的一声破碎之际，我的犹豫也一下子被打破了，当即做了决定：一定要考大学！

当时距离高考还有不到两个月，我马上去太原五中找我的高中班主任老师求教，她打开家门看到我的那一刻，很平静地对我说：“我就知道你会来。”从老师那里讨得高考真经后，我开始每天待在家里“头悬梁、锥刺股”，发奋努力。记得有一次著名演员孙道临来我家看望我父亲，还专门走到我复习的小屋里鼓励我。功夫不负有心人，最后我考了一个在太原市名列前茅的成绩，被天津南开大学哲学系录取。

哲学是一门关于世界观和方法论的学问，视野非常广大。到了大二，我们开始分专业，最初我有点想学欧洲哲学史。一天我到教欧洲哲学史的老师家中去，请教老师该如何着手学习欧洲哲学史。老师家当时是传统的老旧房子，比较暗，书房里靠墙有一排老式书柜，里面有几百本书，老师对我说，你把这些书一本本读完，就可以了。

那天天气特别晴朗，从老师家书房的窗户望出去，是一片蓝天白云，天空中偶有小鸟飞过。那时正值中国开始改革开放，现实社会中充满一股蒸蒸日上的朝气，我当时突然想，难道一定要把自己的未来交付于沉闷的学术研究吗？我当即萌生了退意。

为什么我不能直接关注中国现实社会，参与这个时代的改革开放和建设呢？这条路可能更适合我。那次拜访老师，成了我人生的一次分水岭，从那以后，我开始关注中国社会现实问题的研究。

贰

双脚踏上深圳土地的那一刻，我的心在呐喊：深圳，我来了！

学习社会学，投身城镇研究

20 世纪 70 年代末，教育部决定恢复社会学。1980 年，教育部在南开大学举办了一个全国性的社会学专业班，并从全国 18 所重点高校中遴选了 43 名学生作为学员，我有幸进入这个集体。专业班的师资力量非常强大，当年国内最有名的社会学家，如费孝通、袁方等，都是专业班的授课老师。学校还通过多种渠道从美国、德国等国家请来了国际上非常有名的社会学家，大大丰富了我们的视野。

大四的那一年，我如饥似渴地学习社会学知识，光课堂笔记就记了 20 多万字。与此同时，也积极投身社会调查。课程结束后，我完成了自己的第一篇社会学调查报告《天津老年人生活状况调查》，并发表在刊物上。

1981 年下半年，社会学研究生班成立，我顺利考入研究生班，成为费孝通教授门下的四名研究生之一。1982 年，研究生班开学，同年秋季经学校批准，南开大学社会学系成立，这是 1953 年以来国内重点高校中的第一个社会学系。

从 1983 年到 1984 年，在导师费孝通的亲自指导下，我多次前往费老的家乡，也是他做博士论文《江村经济》的江苏省吴江市（2012 年 9 月成为吴江区）开弦弓村进行深入的社会调查，完成了硕士论文，而费老深邃的人生智慧、严谨的治学态度和扎实的工作作风，更是让我终身受益。

硕士研究生毕业前，费老对我们说：“我非常支持你们进入社会，在‘社会大学’中继续锻炼。”这句话对我产生了很大的影响。1984 年毕业后，我回到家乡，进入省级社会科学研究机构工作，投入城镇化、城市问题的研究中，发表了一系列论文，还在 1988 年出版了我的第一部专著，30 万字的《城市学》。

我要去闯深圳

1986 年 7 月，我到深圳参加一个学习班，那是我第一次来到深圳，对这座城市的一切都感到非常新鲜。虽然当时深圳的市区只有上海宾馆往东的一小片地方，但是我看到了创造“三天一层楼”奇迹的国贸大厦，看到了这个城市正在热火朝天地建设，这些都让人感觉十分振奋。当时我心里有一个强烈的想法：这么好的城市，我要是有机会来发展就好了。

到了 20 世纪 80 年代末，转机出现了。当时我已经有了一定的学术成果，希望能够有所创新，有所突破，于是想到国外深造。就在我为出国做准备的时候，一次偶然的机会，我了解到一些知名经济学家在深圳创办了综合开发研究院（中国・深圳）（以下简称“综研院”），他们提出要借鉴并逐步形成像美国兰德公司那样的高端智库型的研究机构模式，打造我们国家自己的“思想库”。当时我就对综研院产生了极大的兴趣，几年前那一闪而过的想法再次浮现心头，这次，我下定决心要到改革开放最前沿的深圳去闯一闯。

经历一番波折之后，1991 年我正式调入综研院。那年的 11 月 3 日，我坐飞机到了广州的白云机场，然后又坐大巴到了深圳，双脚踏上深圳土地的那一刻，我的心在呐喊：深圳，我来了！

随着中国经济的高速增长，城市生活方式也在悄然改变，生态旅游逐渐成为时尚。

美丽沙滩让我看到了旅游业的恢弘前景

我刚到综研院时，院的规模还不是很大，人手也不多，因此当时我的工作内容比较广泛，参与了深圳市许多产业发展规划和企业研究报告的编撰工作。1992 年，综研院受深圳市政府委托做能源发展规划，计划占用深圳大鹏西涌海滩的一半建设煤码头。

在前期调研的过程中，我们课题组一行来到大鹏的西涌海滩。当时我们都没有去过大鹏湾，甫一下车，就被西涌海滩的旖旎风光震撼到了！当时我们都意识到，建设煤码头势必会破坏这么美丽的海岸和沙滩环境，但是能源发展规划又不得不做。最后，我们一致认为，建设煤码头不能动用这片沙滩，应另辟蹊径。于是就向市政府提出了不使用沙滩的规划建议，市政府认同了我们的建议。之后，我们也向市政府提交了一份非常优秀的能源发展规划。

工作圆满完成了，但是西涌海滩的美景却深深地留在了我的脑海里。联想到国外有很多海滩都成了当地主要的旅游度假资源，我们是不是也可以效仿？有了这样的意识之后，我开始更多地关注和尝试介入国内的一些旅游项目，为政府和企业做相关的旅游策划，并在综研院内部成立了旅游研究与策划中心，由我担任主任。

为东部华侨城做顾问

做了几年的旅游规划和研究之后，我发现由于旅游项目开发时间长、收益慢，如果只是单纯做旅游项目，极易造成投资收益的不平衡，所以很多旅游项目都会同时开发一些地产项目。地产能够迅速回笼资金，用回笼的资金来涵养旅游，旅游发展好了，又能带动地产，两者结合成为一个很好的产业组合模式。

既然两者密不可分，于是在 2001 年，我把旅游研究与策划中心改为了旅游与地产研究中心，从此开始了在旅游地产方向的探索。

在深圳的许多年里，我一直与华侨城有项目接触，这也让我对华侨城有了非常深入的了解。华侨城是中国旅游行业的龙头企业，自 20 世纪 80 年代末推出中国第一个真正意义上的主题公园锦绣中华以来，一直在文创旅游领域不断突破，并首创了国内的旅游地产发展模式。

但是，随着中国经济的高速增长，城市生活方式也在悄然改变，生态旅游逐渐成为时尚。在此背景下，2003 年，东部华侨城项目启动，我担任了东部华侨城景区发展的顾问，为这个深圳建市以来最大规模的旅游项目提供顾问服务，推动这个山海生态型旅游度假区的开发建设，探索生态型旅游地产模式的成长之路。在 2007 年试业阶段和 2009 年全面开业阶段，我带领团队分别为东部华侨城做了两次全面性的分析报告。后来，我以东部华侨城为蓝本，在 2011 年完成了《旅游地产及东部华侨城实践》一书。

现在，华侨城仍不断地在文旅产业上大胆开拓创新，我仍然以华侨城旅游研究院特聘专家的身份为华侨城提供咨询顾问服务。2018 年，我主持了华侨城在广东茂名南海旅游岛项目的策划，这个面积 22 平方公里、总投资 500 亿的重大项目已经展示出其恢弘的前景。

肆

我为深圳的成就而感到骄傲，来到深圳，也是我这辈子最正确的选择。

文旅 IP 成为旅游业发展重要战略方向

依托于深圳的旅游发展经验，20 多年来，我在国内 31 个省区市主持或参与了 400 多项有关城市战略、旅游及旅游地产项目的开发项目策划、规划和咨询，为各地政府和大型企业的发展做出了自己的一点微薄贡献。

现在，中国的旅游业经过40多年的快速发展，正在进入一个全新的阶段。在这个新阶段形成两个重大动向，并且在彼此加速融合之中：一个动向是打破空间约束，形成资源、产业、市场融合式发展的全域旅游趋势；另一个动向是以弘扬文化主题为导向的文旅IP（知识财产）发展趋势，这个是旅游项目的灵魂。全域旅游实现了文旅外延的最大化，而文旅IP则推动了文旅内涵的最深化。可以说，“全域旅游＋文旅IP”构成了当代中国旅游业发展最引人关注的战略方向。

我这些年来所涉足的文旅项目咨询和策划重点更是围绕文旅IP的打造而展开。深圳的旅游地产业在全国一直比较靠前，在文旅IP的发展方向上，更是充满了潜力。比如大鹏所城，就是一个极具山海风格的生态文化历史名城，还有许多其他有深圳地方特色的景点，都是深圳最独特的文旅IP。

走在深圳科技创新和文化创意的大道上

如今，科技创新和文化创意（以下简称“两创”）已经成为当下时代的价值符号，任何一个国家、一个城市，其出类拔萃的依据就是“两创”。在我看来，深圳就是粤港澳大湾区乃至全国最具“两创”标杆价值的城市。改革开放40多年来，深圳作为“两创”引领的一个典范，在全国，甚至在全球都是具有特别价值的。

在科技领域，深圳大规模实施科创筑基，诞生了一大批高科技企业；在文创领域，深圳大幅度推进文创建设，不但缔造了国内首屈一指的“文博会”，还在一系列文化建设领域进行了超前的创意探索。拥有“两创”能量的城市必然会成为世界城市。

作为深圳人，我为这座城市“两创”成就而感到骄傲，而来到深圳，也是我这辈子最正确的选择。我现在名义上是“退休”，但实际上是退而不休，总感觉有很多事想继续去做。我会尽我一点绵薄之力，为深圳乃至为国家的发展贡献自己的力量。

口述时间
2019 年 10 月 25 日上午

口述地点
深圳市大亚湾核电基地

口 —————— 述 —————— 者

周创彬

Zhou Chuangbin

1970年出生于广东潮阳（现潮南区），中共党员，现为中广核工程有限公司调试中心副总工、研究员级高工、高级技师。1991年从北京核工业学校核电站运行专业中专毕业后来到深圳，参与并见证了核电事业的高速发展。他曾获得“全国技术能手”称号、全国五一劳动奖章、“广东省劳动模范”称号等；还获得“中华技能大奖”，让深圳在国家技能人才最高奖项上实现历史性突破。

一转眼我在深圳工作了近 30 年，可以说亲身经历并见证了我国核电事业的高速发展。从引进、吸收到消化、创新，我们很多自主研发的核电技术从深圳走出广东、走向全国，甚至走出国门。深圳是一座有着无穷发展潜力、值得所有人为之奋斗的城市，真的很荣幸能够与特区一同成长。未来希望用自己的亲身经历影响更多年轻人积极进取、甘于奉献、勇敢追梦，有生之年我要继续努力为核电事业和这座城市的发展贡献自己的力量。

周创彬：
参与并见证核电事业高速发展

壹

我觉得深圳是一座充满生机活力的城市，特别适合年轻人努力打拼、追逐梦想，在这里只要肯干就一定有出路。

从小对核电有着浓厚兴趣

我出生在广东潮阳一个普通的农民家庭，父亲是共产党员，母亲是勤劳的家庭主妇。小时候生活比较艰辛，父母辛辛苦苦工作供我读书。他们一直教育我做人要诚实、勤恳，长大后要有所作为。回忆起童年生活，我发现父母这种朴素的人生智慧和教育方式，是自己一生中最宝贵的财富。

我不是那种很聪明的学生，只能通过勤奋和刻苦弥补不足。刚开始我学东西很慢，一年级时连拼音都学不好。后来老师教导我说："不怕学不会，就怕不爱学。"为此，我比别人付出多倍的努力，靠着一番笨功夫、苦功夫，终于一步步把学习成绩提上去了。

记得小学四年级时，我遇到一位对我人生有重要影响的老师。他宿舍的藏书特别多，而且他一直启发我要多方涉猎各种知识。于是，我开始大量阅读各类书籍，渐渐发现自己特别喜欢与科学家、科学知识相关的科普读物。牛顿、爱因斯坦等科学家的事迹和孜孜不倦的探索精神，好像有一种特殊的魔力，深深地吸引了我。

随着年龄的增长和知识的积累，我对核电产生了浓厚兴趣，上初中时就有意识地去钻研核物理、反应堆等相关知识，神奇的Y 射线、核裂变等始终萦绕在我脑海里，成为我渴望探寻的方向。怀着对核电事业的热爱和憧憬，1987 年我以优异的成绩考上北京核工业学校核电站运行专业中专班，从此与核电事业结下不解之缘。

中专毕业来深圳打拼追逐梦想

说起来深圳的原因有些机缘巧合，当时在报纸上看到深圳大亚湾正在筹建核电站的信息，潜意识里觉得中专毕业后可能会到核电站工作。奇妙的是，到了学校发现我们就是为建设深圳大亚湾核电站而定向培养的学生，所以毕业后来深圳工作、生活就是水到渠成的事。

1991 年，我从北京来到深圳开始自己新的人生旅途。那时候的深圳随处可见热火朝天的建设场面，绝对是最适合年轻人打拼和逐梦的地方。内心觉得深圳是充满生机活力的城市，在这里只要肯干就一定有出路。

刚到大亚湾核电站时我遇到不少困难，面对复杂的核电机组、成千上万个程序，以及周围高学历的同事，心理压力特别大。为了尽快熟悉核电工作环境、掌握更多专业知识和技能，早日成为一名真正驾驭核电机组的操纵员，我跟着技术工程师和老师傅钻管廊、爬管道、下地坑，几乎把核电站的每个角落都跑遍了。

为了提高自己的学历，我利用晚上休息的时间在宿舍拼命学习，充分利用业余时间为自学考试做准备。当时我参加了华南理工大学的自学考试，我记得做毕业设计时，因为居住的招待所条件十分简陋，我只好在旁人打牌、看电视的喧闹声中伏案写实验报告，最终我还是以优异的成绩拿到了文凭。凭借扎实的工作实践，加上刻苦的学习和中广核的培养，1997 年我通过国家核安全局统一安排的考试，顺利拿到核电站操纵员执照，为自己以后的职业发展打下坚实基础。

贰

我喜欢挑战自我也敢于接受重大任务，因为只有在实践中不断突破，才能让自己持续进步。

细致入微做好每一项工作

我认为，取得操纵员执照固然重要，但关键还在于平时的磨练和积累。核电站主控室的操纵员就好比飞行员，责任重大。在担任操纵员期间，我总是细致入微做好每一项工作，曾发现和消除多处设备隐患，确保机组安全稳定运行。

1998 年，有一天我上夜班，大亚湾 1 号机组在逼近临界过程中，遇到化学溶剂控制箱水位出现异常且不断上涨的情况。为防止出现意外，我们暂时把稀释流量从每小时 27 吨减少到每小时 16 吨，以稳住溶剂控制箱的水位。但是，这与每小时 27 吨的最大设计稀释流量偏差很远。

为什么会发生这样的异常情况？职业的敏感性让我对此产生怀疑。向有关人员求证后，了解到以前也曾发生类似状况，但当时认定是一个三通阀有内漏。我心里产生很大怀疑，难道真有这么大的内漏，这又是怎样产生的？强烈的责任心驱使着我，一定要把这个问题搞清楚。

我查阅系统流程图并找相关人员分析问题根源，经过仔细研究，我初步判定不是三通阀内漏，而是水通过一个安全阀又进入容积控制箱。现场检查后，果然发现另外一个安全阀不断地在振动，能清晰听到该阀门动作的弹簧声，进一步检查发现是过滤器堵塞所致。这间接验证了我的推断，设备故障顿时消除，核电机组又恢复了正常运行。

如果当时错过这个宝贵时机，操纵员很难再有机会捕捉到这个安全隐患。还有一次台山核电站进行冷态功能试验时，我及时发现稳压器安全阀主阀体盲塞密封不能承受一回路抽真空的问题，连设备厂家和供应商都没注意到，这一发现得到法国专家的称赞。

攻坚克难，终于填补技术空白

2004 年，岭澳核电站 2 号机组第一次实施完整的“十年大修”，其中一回路水压试验是特大型核安全相关的高难度试验项目，也是首次在国内核电商运机组进行，实施过程复杂，对风险控制的要求极其严格，当时这个重担落到了我的肩上。

为顺利完成任务，在短短 4 个月准备时间内，我不分昼夜为“十年大修”新编了约 500 页的总体运行程序。不懂法语的我，硬是依靠扎实的技术功底，把一本法语的操作程序啃了下来，之后我们写出《一回路水压试验》总体运行程序，还创造性地将运行风险分析和风险控制编写到程序中，并对其中多项技术难题提出解决方案，为实际操作提供了有力的科学指导，填补了国内大型核电机组无水压试验运行程序的空白。

印象中我组织编写“十年大修”的专用文件包多达 138 份，

都是总体程序调用的子文件，一共要用 12 个文件夹才能装完，任务的艰巨性和巨大的工作量可想而知。这套程序能在保障大修质量的同时大大节约工期，对国内同类核电站具有应用和推广价值，相关成果获得了“国防科技进步三等奖”。

敢于迎接挑战接受重大任务

紧接着，我在 2005 年又迎来新的重大挑战。当时岭澳核电站二期工程作为中广核 CPR1000 堆型的示范电站，将用数字化先进主控室取代传统模拟主控室，需要研发全新数字化运行程序，相关尝试在国内是第一次，而且工期紧、难度大。

我喜欢挑战自我，因为只有在实践中不断突破，才能让自己持续进步。为了完成这个艰巨任务，我带领总体程序数字化小组持续奋战。整个团队没日没夜地加班，这个状态持续了一年多，我的头发几乎都白了。功夫不负有心人，通过吸收国外核电站的先进理念，我们不仅研究出一套具有大亚湾特色的总体程序数字化方法，还在该领域实现多项技术创新，最终攻克核电站数字化运行操作难题。

在这个过程中，我们取得多项发明专利，相关专利还获得中国专利金奖。更重要的是，科技成果还推广到红沿河、宁德和阳江等核电站，有效解决了我国核电站自主运营的核心关键问题，为核电批量化建设运营提供了可靠保障。

叁

“创师傅”不仅是一个尊称、一份荣誉，更是代表着责任和担当，我要把它当作品牌一样维护和珍惜。

经历并见证我国核电事业发展演变

一转眼我在深圳工作了近 30 年，可以说亲身经历并见证了我国核电事业的高速发展。举个例子，刚开始中广核在大亚湾只有 2 台机组，现在已经发展到拥有 20 多台在运核电机组。而且我们很多自主研发的核电技术还从深圳走出广东、走向全国，甚至走出国门。

我觉得，核电事业的高速发展与祖国的强大息息相关，更离不开党和国家的大力支持。从引进、吸收再到消化、创新，我国核电事业在短时间内实现了逆袭，在该领域创造出多个奇迹。作为其中的参与者和见证者，我感到无比荣幸。中广核“一次把事情做好”的核心价值观以及强烈的责任心、执着专注的工匠精神，使我不断超越自己，完成一次次突破，攻克一道道难关。

继续努力培养更多后备人才

中广核人喜欢称呼我为“创师傅”，既取我名字中的“创”字，也是对我勇于创新、敢于开创的精神的高度肯定。在我看来，“创师傅”不仅是一个尊称、一份荣誉，更是代表着责任和担当，我要把它当作品牌一样维护和珍惜。

“匠心铸就职业梦，砥砺前行追梦人”，这是我很喜欢的一句话。作为一名共产党员、高技能人才、劳动模范，除了不断追求卓越，我还要努力培养更多人才。“一花独放不是春，百花齐放春满园”，核电是个系统工程，依靠个人的力量和技术是远远不够的，只有依靠强大的后备力量和团队实力，大家相互配合、上下游协同，才能把工作做好。

很荣幸能够与深圳一同成长

作为核电一线的普通员工，我从现场技术员、主控室操纵员逐渐成长为运行副值长、机组长和调试中心副总工程师，还获得“广东省劳动模范”、全国五一劳动奖章和中华技能大奖等多个荣誉。没有肥沃土壤就难以长出好树苗，我所取得的成果离不开组织的培养、领导的关怀和同事的共同努力。

很庆幸我赶上了改革开放和核电事业高速发展的大好时代，感谢深圳鼓励创新的事业环境、开放包容的城市氛围、催人奋进的人才政策，让我可以在这里尽情挥洒青春热血、不断取得技术突破、勇敢追求人生理想。

改革开放以来，深圳一直处于高速发展状态，这是一座有着无穷发展潜力、值得所有人为之奋斗的城市，真的很荣幸能够与深圳一同成长。未来希望用自己的亲身经历影响更多年轻人积极进取、甘于奉献、勇敢追梦，有生之年我要继续努力为核电事业和这座城市的发展贡献自己的力量。

口述时间

2019 年 10 月 25 日

口述地点

首脑美业集团总部——莲花北村富莲大厦

口述者

高颖

Gao Ying

1963 年出生于黑龙江省哈尔滨市。1991 年来到深圳，创立了首脑美业集团。连续 10 年担任中国美发美容协会副会长，连任深圳美容化妆品商会三届副会长，是深圳市美发美容美妆行业协会创会会长。

深圳是我的第二故乡，我在深圳度过了最美的年华，也度过了最艰辛的时光。在这里，我白手起家，从零开始创业，到达无限的可能，深圳给了我充分的土壤。我很喜欢深圳，我经常说我是一个不断为深圳摇旗呐喊的人，不仅是因为她承载了我的喜怒哀乐，更是因为她的活力、时尚、创新、大爱对我有很大影响。

美容美发美妆这个行业年轻时尚，与深圳这座年轻、充满活力的城市特别匹配。改革开放发展到今天，人们对美的需求在变化，对美的追求更加强烈，这些都让这个行业更加具有生命力和活力。人们对美丽的向往，就是我们未来奋斗的动力。

高　颖：
我们的事业就是满足人们对美的需求

壹

20 世纪 90 年代的深圳人，充满着一往无前的勇气和对未来的希冀。

放弃安逸生活，南下逐梦

我出生于黑龙江哈尔滨，从小与外公外婆一起生活，因此较为独立。1987 年，我从黑龙江大学毕业后，在一家外贸企业工作。但工作没多久，由于东北天气比较干燥，丈夫经常咯血，我们不得不考虑换个城市。

当时深圳在建设经济特区，工资很高，我和丈夫在哈尔滨的公司都是科级，一个月加上补贴也仅 100 元左右，而深圳洗头工一个月的工资都有 300 元。而且深圳气候好、很开放、发展机会多，凡此种种，都让我们不由地将目光聚集在深圳。不顾家人反对，我们辞职南下，来到了深圳，这座让我们充满憧憬的城市。

理想很丰满，现实很骨感

然而真正踏上深圳这块土地时，我才发现，理想很丰满，现实很骨感。过去我和丈夫在哈尔滨工作时，单位给我们分了一套房子，离单位很近，步行可到。可到深圳后，我们不仅要租房子，而且还是合租，一个月600元租金，三家共用一个厨房和一个洗手间。

当时我尚未找到工作，仅靠着丈夫每月1000多元的工资生活，有时有个朋友来深圳，我们招待一下还要计算请客的钱，日子过得紧巴巴的。

找工作也给了我当头一棒。当时的我心高气傲，觉得自己当过三年团委书记，有不少工作经验，肯定能找到理想的工作。可是事与愿违，我到处碰壁。我以前工作时考了报关证，当时深圳外贸公司挺多的，我找了两个月，却没有一家愿意录用我，我倍感压力。

后来一个朋友说牡丹美发厅需要一个经理，工资600元，可以解决住宿，问我愿不愿意去。虽然我对这行不太了解，但迫于生活压力，我还是接受了这份工作。

来到之后，我才知道，所谓的经理就是打杂。起初我并不喜欢这份工作，但没有退路，我必须做好，所以我特别用心工作。白天，我需要踩着单车，顶着太阳，奔波于发廊和原材料市场之间，不是买染膏、洗发水，就是采购一些卷芯、烫发纸；晚上，我还得算账、统计业绩。若是遇上台风天气，睡觉时还需要随时起来查看大门是否被刮坏。那段时间我早上9点上班，晚上经常12点才下班，凌晨两三点睡觉。其实不仅是我，我接触到的许多客人，不管是工人、白领还是公务员，他们都非常拼。

20世纪90年代的深圳人，充满着一往无前的勇气和对未来的希冀。

贰

这几件小事让我意识到，美业是一个真正有未来、有潜力的行业，是一个值得我钻研进去、为之奋斗的行业。

这份美差，舍我其谁

过去，人们谈论起美容美发行业，似乎有些鄙夷。其主要原因是有些不法商人，挂羊头卖狗肉，表面上经营美容美发，实际上却涉及非法活动。所以后来当我在这个行业做出一些成绩时，我依然犹豫，是否应该继续待在这个行业。

直至后来发生的几件事，让我坚定了自己的决心。1992 年，全国爱国卫生运动委员会办公室来深圳检查，评价深圳是否符合“国家卫生城市”标准。当时需要找各行各业的代表来接受检查，我们店被抽到了。在检查过程中，全国爱国卫生运动委员会办公室的工作人员主动和我们聊天，鼓励我们。我突然感受到国家对我们这个行业的关注，我很受鼓舞。

同年，亚运健儿来深圳参加演出。演出前，他们来我们店里做了一次洗剪吹的服务。本是一件平常事，转折点却发生在演出后。演出后，我接到了一个电话，电话那端说：邓亚萍还要过来做个美容，希望我们能提前准备一下。当时我特别激动，原来邓亚萍还想着我们店呢，这感觉非常不一样，于是我赶紧回店里安排。这件事情对我的触动非常大，因为我以前总觉得体育明星不爱美，但事实上她们也挺爱美的。

这几件小事让我意识到，美业是一个真正有未来、有潜力的行业，是一个值得我钻研进去、为之奋斗的行业。

我先生还给我送过一副对联，上联为：“能理难剃之头，吹清明之风，令首脑廉洁，如此伟业，非吾莫属。”下联为：“不洗无耻之面，洒冰玉之露，让眉目秀楚，这份美差，舍我其谁。”

这份美差，真是“舍我其谁”啊！这个行业，我不仅得做下去，还得做出一番事业！

跳出圈子，重新审视自己

1993 年，我专门学习了香港美妮坦的美容技术，有了知识和经验，我决心做自己的品牌。

我找民间贷款贷了 20 万元作为启动资金，开了一间美容美发店，名为“首脑”。刚开始压力挺大的，为了省钱，我自学了许多东西。请设计师画一张建筑效果图要 8000 元，那就自己学；

去钢材市场买钢材，人家不给送货，那就自己踩着三轮车运回来。最终，第一家“首脑”成功启动了，而且一举成为当时深圳环境最好的美容美发店之一。

1998 年，公司开始进行股份制改造。当时我将部分股份给了一位跟了我 7 年的员工，然而股份改造后，3 年之间仅收回投资，没有赚到钱。2001 年，店面需要重新投资一笔钱，结果那位拿了股份的员工不愿意投资了，大家意见相左，闹得不欢而散，最后他还带走了一批骨干员工。

那时我的心情跌入低谷，开始反思自己。在反思中，我找到了问题的根本：如何建立一个与团队共同发展的机制和氛围，让员工可以在此找到他的归属感，才是至关重要的。

于是，在随后的两年里，我到英国牛津大学和上海复旦大学进修 EMBA。读书期间，我收获了很多。我不仅跳出自己的圈子，重新审视自己，还认识了许多优秀的老师和同学，他们给了我很多启发，让我对德和才有了更深的理解。

学成归来后，我开始谋划自己的下一个十年。公司又开始进行股份制改造，这次的改造很成功，许多优秀员工都成了股东。

2010 年，“首脑”被评选为首批“深圳老字号”企业，当时首届“深圳老字号”评选活动，考量因素一是成立时间要满 20 年，二是看经营口碑，三是看现有团队的状况和发展态势。当时“首脑”不管是在品牌运营方面，还是在公益活动和社会活动方面，都做了很多，具有较高影响力。大家对我们评价很高，也很看好我们的团队。

深圳美容化妆品商会的成立，对规范行业秩序起了不可忽视的推动作用。

担任深圳美容化妆品商会副会长

20 世纪 90 年代美容美发行业初具规模。深圳兴起了不少美容美发店，项目也比以往更加丰富。美发方面，洗、剪、烫是主力项目。美容方面，美白、祛斑是主流项目。那时深圳美容美发业学习、比赛的风气很浓，美容美发培训学校在高峰期达到四十几家。

1996 年，在深圳市总商会的指导下，深圳美容化妆品商会成立，我担任副会长。为了促进深圳美容美发行业发展，深圳美容化妆品商会举办了几次化妆比赛和发型比赛，许多同行都踊跃报名参加。同时，深圳美容化妆品商会还召开研讨会，根据研讨会的结论，我们出了一本论文集，里面有谈行业管理的，还有讨论技术的。深圳美容化妆品商会多次组织会员去其他城市学习、交流，尤其是去香港。当时香港很潮，美容美发的技术培训、人员素质、档次、服务意识都很高。

除此之外，深圳美容化妆品商会还对深圳的美容院、美发店进行星级评定，美容院和美发店可根据我们制定的标准进行申报，我们的评定范围大概有三方面：第一是人员，第二是店面的面积，第三是管理的流程、服务细节、规章制度等。评完后，我们会根据对方所属级别发牌，这对规范行业秩序起了不可忽视的推动作用。

开创先河为行业建立安全标准

2006 年左右，原有的深圳美容化妆品商会不再运作了。我觉得深圳美业人还是需要一个家，需要一个舞台展示自己，而且还需要一座与政府沟通的桥梁，如果没有人架起这样一座桥，这个行业的声音就发不出去。于是，我开始筹备新的行业协会，新的行业协会在主管单位的指导下，由民间多家企业发起并集资，通过选举产生领导班子，吸纳一定的会员，逐步发展了起来。2016 年，深圳市美发美容美妆行业协会成立，我是协会创办会长。

新协会从 2016 年到现在做了许多有意义的事情。协会经过半年的筹备，创建了《深圳市美发美妆行业经营场所安全标准》。这个安全标准在政府立了项，并进行了积极推广。我们希望这个行业有更多的人在经营的同时，拥有足够的安全意识，不让安全拖了经营的后腿。

新协会在2016年和2018年还承办了两次比赛，让优异者能够直接获得人社局颁发的国家职业资格证书。这两次比赛不但让100多位美业从业者获得了职业资格证，还为100多个家庭解决了户口和他们孩子的上学问题。

肆

美容美发美妆这个行业年轻时尚，与深圳这座年轻、充满活力的城市特别匹配。

深圳有美的土壤

美容美发美妆这个行业年轻时尚，与深圳这座年轻、充满活力的城市特别匹配。改革开放发展到今天，人们对美的需求在变化，对美的追求更加强烈，这些都让这个行业更加具有生命力和活力。

美发方面，从过去的剪、烫、染，到现在的养发、护发，项目更加丰富。人们不仅注重美丽，也同时注重头发保养。美容从过去的护理、保养，到如今个性化的设计，如梦幻妆、人体彩绘、个人形象定制等，有许多店甚至专门做人物形象设计。

跟随市场变化是企业永恒不变的话题。市场是一个公平竞争的地方，深圳的市场化程度非常高，在互联网面前，所有的店家都要改变自己，要有新思维，要学会借助新东西来发挥自己的优势，让自己提升。其实我们不仅仅面对着互联网的冲击，还面对着其他事物的冲击。冲击是常态，但能不能抵御冲击是所有美容美发店应该思考的问题。

我一直都很坚信一句话：如果选择了山峰，就要勇于攀登；如果选择了宁静，就要敢于忍受孤独。如果选择了这个行业，那你就得忍受各种各样的说法，因为我们做的就是与各种各样的人打交道的工作。前提只有一点，无愧于人，无愧于心。

我记得，一位知名企业家曾说起自己在经营企业的“三如”状态：如坐针毡，如临深渊，如履薄冰。对此，我很有感触。我希望，在未来的时间里，能让自己的内心离“成功”这个词，远一点，再远一点，默默做好企业和协会的事，就好了。

如今深圳正在建设中国特色社会主义先行示范区，对标全球标杆城市，因此我们这个行业发挥的空间就更大了。因为不管是哪个国际一流城市，都刮着一股时尚的旋风，而我们行业要做的就是为更多的人进行美的塑造。人们对美丽的向往，就是我们未来奋斗的动力。

口述时间
2020年1月6日下午

口述地点
深圳市政协会议厅

口——————述——————者

谭 刚

Tan Gang

1963年3月出生于重庆，经济学博士，研究员。现任深圳社会主义学院副院长，当选为深圳市党外知识分子联谊会会长、第十二届广东省政协常委、第六届深圳市人大常委会委员，受聘为深圳市决策咨询委员会委员、深圳市政府特殊津贴专家及领军人才。主要研究经济特区创新、港澳与内地合作、珠三角区域发展。主持完成多项课题调研，参与多项决策咨询、评审工作，发表多篇学术论文及多部专著。

从 1991 年 5 月来深，我参与深圳经济特区建设已有 29 年。思及过往，我想用几个“自豪”表达自己的心情：为能够在参加工作不久后就参与到深圳经济特区建设，并伴随深圳经济特区成长而感到自豪；为能够以专家学者、政协委员、人大代表、党外代表人士等身份，为深圳经济特区发展做出力所能及的贡献而感到自豪；为能够以政策宣讲成员、媒体受访人员等身份向国内外宣传、推介深圳经济特区而感到自豪。

谭　刚：
为深圳经济特区发展添砖加瓦

壹

第一次到深圳，切身感受到这座特区城市的朝气蓬勃、开放气质和发展前景，这让我不由心生向往。

阅读饥渴与跨专业学习

在我进入大学以前的成长过程中，印象最深的是阅读“饥渴”感。身边能够收集到的阅读书籍实在有限，偶尔能得到一本书便成为非常奢侈且让人期盼的事情。我还清楚地记得，大约在读初中时，我偶然从同学手里拿到一本《林海雪原》，真的是如获至宝，花了一个通宵读完了书，在去学校的路上又期待能够找到下一本书。现在想起来，虽然很少有机会如此畅快地读书，但这也养成了我对阅读的喜爱和对知识的渴求。

1980 年，我参加高考，虽然成绩不错，但最终却被没有填报的重庆师范学院历史专业补录。比起无书可读的过去，大学可以说提供了良好的学习环境。在专业学习的同时，我开始大量阅读其他领域的书籍，由此逐渐培养起自己的专业分析与研究的兴趣和能力。

大三时，我写成的一篇政治经济学方面的小文章，经任课老师推荐，在学报上以补白方式发表。大四时，我的一篇以农民起义为主题的学术研究文章，被国内知名社科杂志刊登。再次看到自己手写的研究成果变成铅字正式印刷出来，这让年轻的自己受到了莫大的鼓舞。

也许是受家庭的影响，从大三起，我开始有意识地学习建筑工程与经济管理方面的课程，本科毕业时跨专业考上了同处沙坪坝区、隶属于建设部的重点院校——重庆建筑工程学院（后并入重庆大学），就读建筑经济与管理方向的硕士研究生。我要真诚感谢导师何征教授，他坚持录取了跨校跨专业的我，而不是本校本系的考生。从充满人文情怀的历史专业，进入严谨的工科院校，对我的人生发展来说，既是一个巨大的挑战，也是一次重大的转折。

四年的历史专业学习，让我初步学会了透过现象看本质，寻找事物发展的规律与趋势；而建筑经济管理专业的三年学习，则让我逐步形成对中国经济社会发展的实证性视角与可操作性立场。这种跨专业学习，对我后来从事的工作产生了巨大影响。

从高校到研究院

1987 年硕士研究生毕业后，我留校任教，主要为建筑工程管理专业本科生讲授建筑经济学，此外还为建筑学专业及城市规划专业的本科生开设城市经济学等课程，同时还开设西方经济学（后来又细分为宏观经济学、微观经济学）等公共课程。伴随改革开放后的大规模投资建设，建筑业逐渐成为国民经济的支柱性产业，重点分析研究建筑业在国民经济中的地位及其运行过程的建筑经济学逐渐受到重视。得益于这一发展窗口期，我毕业留校后围绕建筑业及其建筑经济学这一前沿新兴学科开展研究，发表了一些学术论文，参加了不少全国性的研讨会议，逐渐在专业领域内形成了一定的影响力。

1990 年夏天，我受邀到深圳参加一场研讨会，抵达深圳后，我心里闪过的第一个念头就是：年轻的经济特区果然名不虚传。通过参观考察和交流研讨，更是深切地感受到这座海滨城市的朝气蓬勃和快速发展，这让我不由心生向往。

在那之前，我的两位教研室同事已调到深圳大学，几位师弟研究生毕业后也调入深圳工作。每次与他们交谈，他们言辞间无一不是对深圳的赞美。朋友的所言与自己的所见，不由让我也产生了“到深圳去”的强烈念头。

就在我琢磨怎样找到一个与专业对口的工作时，友人向我介绍了中国（深圳）综合开发研究院（以下简称“综研院”）。综研院是由马洪、李灏、蒋一苇、陈锦华等国内著名经济学家和社会活动家共同在深圳创办的“思想库”，发展目标是学习、借鉴并成长为类似美国兰德公司那样的高端智库。

思来想去，我觉得综研院是自己调入深圳工作的理想选择。在联系综研院人事部门后，我得到的答复是先要通过面试关，而面试人正是综研院的创办者之一、当时兼任重庆社会科学院院长及《改革》杂志主编的蒋一苇。于是在 1990 年冬日的一个晚上，我如约来到蒋老在重庆社科院的住所，在面试中得到了他的首肯。

1991 年 5 月，我调入综研院，开始了参与经济特区建设之路。

贰

调来深圳，进入综研院工作，于我而言，实是人生中一个重大的转折。

经济特区需要“特”

调来深圳，进入综研院工作，于我而言，实是人生中一个重大的转折。倘若一直在高校，基本上是一眼望得到头的教学生涯，跟社会的联系不会太密切。来到深圳后，身处快速发展的经济特区和沿海城市，从事的又是与现实问题密切相连的决策咨询类课题调研，极大地丰富和扩展了我对社会的全面认识了解，也有更多的机会向国内著名专家学者学习。

到深圳后，参与的第一个调研课题是关于南油开发区的发展战略问题，牵头人是具体主持综研院工作的著名经济学家林凌教授。每次举行课题内部分析讨论会，林教授总能从大家七嘴八舌的讨论中，总结提炼出系统全面，同时又具有高度和深度的意见观点，让我收获良多、受益匪浅。正是通过不断学习和借鉴，我也在逐步成长，从最初参与一般性课题，到后来陆续主持或者牵头完成多项重大课题调研，如特区内外一体化研究（2004 年）、向国际一流城市叫板学习（2008 年）、深圳未来发展方向选择研究（2011 年）、经济特区的新使命新探索（2015 年）、开启深圳经济特区改革开放和现代化建设新篇章（2018 年），等等。

在现实调研课题之外，我还参加了院里组织的有关经济特区的理论分析与研究，最早是关于经济特区的争论。1994 年北京一位学者提出特区不能再“特”下去的观点，到了 1995 年，就演化为对深圳经济特区的争论。当时，综研院也组织研究人员进行内部座谈、发表文章参与讨论。我当时撰写了《特区发展与地区差异》一文，从发展经济学的角度论证经济特区在区域发展从不平衡到平衡的过程中的必要性，以及经济特区通过辐射带动作用对消除地区发展差异性的重要作用。除了撰写文章，我还第一次走进电视直播间，面对直播镜头，讲述了自己对于经济特区还要继续“特”下去的观点。

参与深港经济合作研究

从 20 世纪 90 年代开始，深港经济合作成为综研院重点关注和研究的课题。

1992 年下半年，我作为课题组成员参加深港河套地区研究，提出利用福田保税区及香港毗邻地区共同创办“深港科技园”的设想，其中子课题成果——深港跨境穿梭巴士后来如期开通运营。此后，委托方继续组织开展一河两岸经济带、深港边界地区开发系列研究，我受邀参加了评审及在北京、香港的研讨活动。

2008 年，我带着党校团队再次研究河套地区开发课题。经过不断努力，2017 年年初深港两地政府签署协议，河套地区以“深港科技创新合作区”的崭新命名，成为深港合作的重要项目。

为了迎接香港回归，推动深港经济合作，1995 年 11 月深圳市组织力量部署深港经济衔接问题研究：由深圳市委研究室和市政府办公厅负责提交 A 方案，综研院提交 B 方案，A、B 方案独立完成后提炼形成一份综合的深港经济衔接方案。经过几个月的调研与反复研讨，汇集综研院集体智慧的《深港经济衔接 B 方案》正式出炉。这个报告称得上是综研院关于深港合作的开创性研究成果，在论证会上得到众多专家学者和社会各界的好评。我当时作为华南研究中心主任，有幸全程参加了思想激荡、观点交锋的研讨及执笔，次年又具体负责编辑了体现全院集体研究成果的《深港衔接　共创繁荣》一书，B方案以附录形式全文刊出。

此后，深港经济合作成为我一直关注和研究的课题，并发表了多篇研究成果。如《深港合作目标模式研究》（2006年）、《深港国际大都会——深港合作的总体目标与主导策略》（2008年）、《深港携手引领粤港澳大湾区高质量建设》（2018年）。2009年，我与综研院的张玉阁牵头，合作编著《港深都会：从理念到行动》一书，汇集了综研院在港深都会建设方面的多项研究成果。

叁

深圳是一个创造奇迹的城市，取得的成绩令世界瞩目。作为一名经济研究者，我为能够参与深圳经济特区建设而感到自豪。

编写深汕特别合作区首个五年规划

2004年，深圳市拿出多个职位公开选聘党外干部。在此之前，我因担任第二届市政协委员（1998年增补）、第三届市人大代表，参与了不少参政议政工作，相关部门推荐我参加了这次选聘工作。

经过面试选拔，2004年9月，我成为一名党外副局级领导干部，在经过半年的信访部门挂职之后，于2005年春调入深圳市委党校（社会主义学院）。在承担行政管理工作之外，决策咨询调研仍是自己的重要工作，其中比较重要的有前海计划研究（2008年）、深汕特别合作区“十二五”规划编制（2012年）、加快广东自贸区发展（2015年）、深圳实施东进战略促进东西协调发展策略研究（2016年）等。

2011年，经广东省批准，深汕特别合作区正式设立。当时，我带着市委党校申勇教授团队参加投标，在众多投标者中胜出，获得深汕特别合作区“十二五”规划的编制机会。我们多次前往深汕特别合作区进行前期调研，详细梳理了合作区的历史沿革、发展现状以及发展思路，在此基础上完成编制工作并获得认同，修订后报省里批准实施。此后，我们一直保持对合作区的关注和观察。

2016 年年初，中共深圳市委六届二次全会做出实施东进战略的重大决策，深汕特别合作区就被赋予了东进尖兵的重任。随后我带领党校决策咨询部前往合作区调研，形成的调研报告经党校《咨政参考》上报后，得到深圳市委、市政府领导的批示。后来我们还与市政协合作开展研究，调研报告经市政协上报后得到市委、市政府主要领导批示，推动了合作区发展。此外，我还利用省政协平台，在大会期间提交有关深汕特别合作区的多个提案，从另一个角度帮助和支持合作区发展。

较早开展“粤港澳大湾区”研究

2013 年 12 月，深圳市委五届十八次全会首次提出发展湾区经济构想，2014 年 1 月“发展湾区经济”被写入当年的政府工作报告。这一年的七八月份，我带着党校研究团队通过投标，获得深圳市发展研究中心委托的年度重点课题，随后以“深圳发展湾区经济与泛珠三角合作研究”为题开展调研。

现在回过头来看，在 2015 年年初正式提交的研究报告中，我们提出了三个比较重要的结论：一是深圳的东、中、西三个部分，都具有“两湾加半岛”的空间特征，有利于深圳更好地发展湾区经济；二是深圳要发展的湾区经济既不同于 1.0 版本的港口经济，也不同于 2.0 版本的科技研发型（旧金山湾）、先进制造业型（东京湾）和金融型（纽约湾），在“一国两制”与不同关税区和货币区的条件下，加之海洋经济等新业态支撑，应当形成 3.0 版本的湾区经济；三是在报告中我们提出了深圳发展的湾区经济，应当依托于“粤港澳大湾区”展开，也就是在一核（粤港澳大湾区）两翼（海西经济区和北部湾地区）的大格局下展开。

以这项研究为基础，我在 2015 年 2 月省政协大会上提交了《建设粤港澳大湾区，构建广东发展新常态》的提案。2018 年，我进一步就粤港澳大湾区合作机制提交提案，省政协将其与其他若干提案合并，成为当年的省长督办案。2019 年此提案还获评为省政协优秀提案。

为参与深圳建设而自豪

2017 年，《全国海洋经济发展“十三五”规划》提出“构筑‘21 世纪海上丝绸之路’经济带枢纽和对外开放门户，推进深圳、上海等城市建设全球海洋中心城市”。基于这个背景，结合近年来我们所做的研究，在 2018 年 1 月的省政协大会上，我提交了《关于支持深圳建设全球海洋中心城市》的提案。

没想到在 2019 年，《粤港澳大湾区发展规划纲要》发布，对深圳建设全球海洋中心城市进行重大部署，之后，《中共中央国务院关于支持深圳建设中国特色社会主义先行示范区的意见》提出“支持深圳加快建设全球海洋中心城市”。

在不到 3 年间，国家 3 次点名深圳，赋予深圳建设全球海洋中心城市的重大使命，对此我真心感到激动和兴奋。随后，我在 2019 年 5 月和 11 月，先后在市民文化大讲堂、市政协委员讲堂，做了“先行示范区和粤港澳大湾区框架下的深圳全球海洋中心城市建设”的公益性讲座，在 12 月市政协专题协商会上应邀就海洋文化软实力问题发表意见和建议。

在前不久完成的一份研究报告中，我写下了这样一段话表达自己对深圳未来发展的期盼：

“回顾往昔，深圳以杀出一条血路的大无畏英雄气概，用40余年城市建设与特区发展的成功实践创造出让世界刮目相看的伟大奇迹，完成从0到1的历史性飞跃。展望未来，通过从现在起到本世纪中叶30余年的不懈奋斗，我们完全有理由相信深圳将成功翻越先行示范区建设进程中的3个目标山峰，完成从1到N的历史性飞跃，继续创造出让世界刮目相看的新的更大奇迹，以中国特色、中国气派、中国风格昂扬屹立于世界先进城市之林，跃升为竞争力、创新力、影响力卓著的全球标杆城市。”

深圳是一个创造奇迹的城市，取得的成绩更是令世界瞩目。作为一名学者，我为能够在参加工作不久后就参与到深圳经济特区建设，并伴随特区成长而感到自豪；为能够以专家学者、政协委员、人大代表、党外代表人士等身份，为深圳经济特区发展做出力所能及的贡献而感到自豪；为能够以政策宣讲成员、媒体受访人员等身份向国内外宣传、推介深圳经济特区而感到自豪。更为能够以深圳市民身份，伴随深圳经济特区一道成长而感到自豪。

口述时间
2018 年 8 月 24 日
口述地点
深圳市政协

口————述————者

柯刚明

Ke Gangming

1956年生于广东茂名，主要在体育领域工作，曾任深圳市体育局（体育总会）副局长（副会长）、大运会执行局正局级副局长，现任市老年人体育协会常务副主席。

我参加工作 41 年，一直在体育战线奋斗，岁月让许多往事渐渐模糊，但印象深刻的是我参与了第 26 届世界大学生夏季运动会的申请、筹办、举办乃至收尾全过程。一路走来，我们遇到了许多挑战，也克服了许多困难，在全市的共同努力下，大运会最终圆满结束。

大运会的举行，给深圳带来了许多变化：从当年缺乏举办大型赛事的经验，到现在具备举办大型国际赛事的能力；竞技体育水平从比较落后到如今名列前茅；各类大型、具有国际先进水平体育场馆应运而生，不仅能满足高端赛事的要求，也为市民锻炼提供好去处；市政建设、市容市貌、交通设施的完善和提升，更加彰显这座改革之城的活力和风采。作为其中一分子，我随着深圳一起成长，内心感到前所未有的充实和欣喜。

柯刚明：
成功举办大运会让深圳与世界零距离

壹

1978 年，我国开始改革开放，当时深圳还是一个偏远的边陲小镇；彼时我正在武汉体育学院念大学，并不知道未来我能和深圳有着如此深的缘分。

一次偶遇，给了我来深圳工作的机会

我从小喜欢体育活动，1977 年，国家开始恢复高考制度，我有幸考入武汉体育学院。1982 年，大学毕业后的我被分配到国家体委工作，其后十年，我分别担任过秘书、训练竞赛二司干部、网球办公室副主任等职位。

1992 年，我到深圳组织一个全国比赛，当时深圳到处都是一派热火朝天的景象，我被深圳人民的奋进精神所鼓舞。于是我见了时任深圳体委主任容志行，他是我们国家的足球名将。我对他说："容主任，如果有机会，我想来深圳工作。"他当即表示了欢迎，比赛结束后我就回北京了。

没想到这个机会来得如此之快。三个月后，我真的收到一封来自深圳的商调函，于是我跟领导提出要去深圳，当时领导极力挽留我，然而，深圳对我的吸引力太大了，我反复去找领导做工作，最终领导被我说动了，支持我的决定。我就这样来到深圳，在深圳市体委群体处任处长，与深圳体育结下了不解之缘。

制定《深圳经济特区促进全民健身若干规定》

刚来到深圳的时候，深圳各方面的基础都比较薄弱。深圳体委就在体育场的看台下面办公，条件非常简陋。当年深圳的竞技体育水平也相对比较落后，在1990年广东省的第八届运动会上，深圳代表团在参加省运会中只拿到第八名。作为改革开放的前沿城市，深圳体育事业没有理由不名列前茅，我们必须迎头赶上。

作为改革开放的前沿阵地，深圳办体育的热情很高，武术、游泳……各种体育培训比比皆是，当时我们称之为“体育市场”。为了让深圳体育市场更好地发展，我们觉得有必要制定一个规章制度作为引导和规范。我和群体处的同志经过调研，制定了《深圳经济特区体育市场管理规定》，该规定于1994年7月13日由市政府颁发，开了全国先河。全国其他地区知道我们这个规定之后，都过来考察、学习。现在回头看，尽管当时还没有体育产业的概念，但是我们的这个规定，实质上就是一份发展体育产业的指导文件，对以后深圳的体育发展起到了很好的促进作用，我觉得我们做了一件开创性的事情。

1999年，我们根据国家提出的全民健身计划，还制定了首部《深圳经济特区促进全民健身若干规定》，它的意义就是用规章的形式推动深圳全民健身的发展，这也是全国第一部关于全民健身的条例。

贰

我从事体育工作时举办过不少赛事，许多记忆已经远去、模糊，但是2011年在深圳举办的大运会在我记忆中却历久弥新。

一座26年历史的城市，申办第26届世界大学生运动会

2005年，深圳市党代会确立了将深圳建设为国际化城市的目标。彼时恰逢大运会处于申办期，在这个目标下，深圳市委、市政府审时度势，决定申办大运会，扩大城市国际影响，为建设国际化城市迈出坚实的一步。为此，深圳市委、市政府成立了深圳申办大运会办公室，作为这个办公室的成员，我参与了申办工作。

申办过程中，我们主要做了三件事。第一件事是写申请报告，里面涵盖了深圳的历史、发展情况和举办赛事的条件等，还制作了一部申办宣传片《深圳与世界没有距离》。第二件事是迎接国际大体联对深圳的考察，以崭新的市容市貌、良好的体育设施和浓厚的体育氛围，争取国际大体联考察组对深圳的认可。第三件事就是新建一批为大运会准备的体育场馆。

在申办大运会时，主要有 5 个城市在竞争，除深圳外，还有俄罗斯的喀山、西班牙的穆尔西亚、波兰的波兹南、中国台湾的高雄。其中高雄已经申办了 3 届，波兹南也申办了 3 届，只有深圳是第一次申办。而且当时深圳在国际上的知名度也不高，因此非常具有挑战性。

但正是因为深圳的年轻，更具活力，所以我们就提出了一句特别巧妙的申办口号：一座 26 年历史的城市，平均年龄 26 岁的市民，申办第 26 届世界大学生运动会。这个口号说出了我们城市的特质与大运会的机缘。

2007 年 1 月 17 日，我们的申办代表团在意大利都灵，经过庄严的申办陈述和激烈的投票竞争，终于等到了胜利的结果：深圳获得了第 26 届大运会的举办权。在听到结果的那一瞬间，我们都非常激动，欢呼拥抱，甚至喜极而泣，但在喜悦的背后，我们也感觉到了这份重任的压力。

一天掰成两天用，全力筹备大运会

大运会申办成功的消息传回国内以后，深圳市委、市政府特别重视，都希望能够通过承办大运会来促进城市建设和发展，提出了“办赛事、办城市”的口号。筹办工作纷繁复杂，是一个系统工程，各方面工作千头万绪，于是市政府决定成立大运会执行局，我由市体育局被抽调到大运会执行局任专职副局长。

大运会执行局人员大概来源两部分：一部分人员是从机关单位抽调和招考的，全市的各个职能部门都给予我们大力支持；还有300多人是从社会招聘的，当时很多人觉得这是一个非常难得的机会，所以都踊跃报名。

我们第一批招考的岗位，主要是招考执行局部门的部长、副部长。按建制，部长属正处级，副部长属副处级。我们先用副部长的职位去招聘，发现居然有很多政府部门的正处级干部踊跃报考。我问他们这样不是亏了吗？他们都回答我："不亏，级别是次要的，重要的是能够参加大运会的筹备工作。"这些人都令我非常感动，大家都愿意放下个人利益，来组织筹备大运会。

在刚开始时，大运会执行局只设立了10个部门，随着工作任务不断增加，部门也随之增加到20个。我们的人员从最先开始的几十人增加到200人，到大运会开幕前的最高峰时已经达到了500人。大运会期间，我的主要工作是担任竞赛指挥部执行指挥长，负责赛事的组织协调、赛程安排、裁判执法、颁奖礼仪，处理竞赛特发事件、保证赛事公平公正顺利进行等。

筹办过程中，有压力也有挑战。我们没有筹办大运会的经验，因此，大运会执行局决定用"走出去、请进来"的办法来培训工作人员。我们从北京、广州请来奥委会、亚运会的相关负责人给我们上课。同时，我们还到举办过世界大学生运动会的城市去学习。

大运会各个方面的工作量都很大，需要学习和掌握的信息量也相当多。我们的工作人员也都非常努力，大家全力以赴地投入大运会的各种筹办工作当中，所以我们办公室经常灯火通明，大家都把一天掰成两天用，就这样工作了4年。

由于前期准备工作做得充足，大运会进行得非常顺利，做到了零失误、零投诉、零差错，并且得到了国际大体联的好评。

大运会开幕日期，比预定日期提前一周

我们在大运会执行局工作的时候，特别强调了预案的重要性，对每一个问题都提出了一连串的解决措施，其中最担心的是大运会举办期间的天气问题。

为了确定大运会开幕的日期，我们向市气象局咨询深圳最理想的天气是哪个时段，市气象局跟我们说深圳最好的天气是 10 月到 11 月这一段时间，往前看是雨季，还可能会有台风。于是我们就向国际大体联提出 10 月举办大运会，但这个提议国际大体联不同意，因为 10 月大学生已经开学了，所以他们回复说必须是 8 月举办。

后来我们又向市气象局咨询，8 月深圳哪几天天气比较好。市气象局回复我们说："查了深圳 50 年天气记录，8 月深圳每一天天气的好坏概率都是 50%，不能确定到底哪一天是好天气。"虽然很难选择，但我们必须向国际大体联提出时间，我想尽量往后推吧，于是就提出 2011 年 8 月 19 日到 8 月 30 日，并要求市气象局据此做一份气象报告，上报给了国际大体联。

气象报告做得很漂亮，有分析、有数据、有建议，提出 2011 年 8 月 19 日是适合举行开幕式的，这份报告深受国际大体联的赞赏。没想到提交报告后，国际大体联仍说要把开幕式的日子提前，经我们反复争取，最终，国际大体联提出 2011 年 8 月 12 日举办大运会开幕式，把我们预定的日期提前了一周。

科学周密的预案加上好运气，大运会安然度过台风季

尽管如此，我们仍然十分担心 8 月的天气情况。因为从往年的情况来看，8 月是台风季节，情况恶劣的时候甚至会遇到两至三场台风。因此，我们对台风和暴雨做了许多应对预案，比如遇到台风如何应对、遇到暴雨如何应对，罗列了许多可能发生的状况并一一做出预案。

首先我们决定将室外项目尽量安排在前，如此一来，下雨就可以往后延。室内项目安排在比赛后期，因为这些项目并不受风雨的影响。除此之外，充分考虑到下雨对室外场地的影响，我们为防雨、排水和场地清理做了充足的准备，比如为场地准备了许多雨刮和毛巾，以便能够迅速为比赛场地排水、清理，给运动员们提供快速恢复的比赛环境。

我们也考虑了一套因为天气而无法完成比赛确定名次的方法：如帆船帆板比赛一共要进行 9 轮，一天进行 1 轮，以总成绩确定名次，但是谁又能保证比赛进行的 9 天都是风和日丽的？所以我们就和国际大体联协商，如果是因为下雨而无法进行比赛，无法取得 9 天的成绩就用 6 天的成绩决定名次，无法取得 6 天的就用 3 天的，无法取得 3 天的就用 1 天的。同时我们也与国际大体联商量解决一个极端问题——“如果因为下雨连 1 天的比赛都不能举办，遇上这种不可抗拒的因素怎么办？”那就取消比赛，如果进行到一半就用抽签解决成绩问题。

我们的工作人员都非常敬业、配合，我们的预案也做得十分细致、完善。幸运的是，2011 年的 8 月天气都特别好，在举办比赛的 12 天里没有台风，也几乎没有雨，比赛十分顺利。

大运会期间，152 个国家和地区，近 1.2 万名运动员和教练员、代表团官员和裁判员参加了赛事活动。为了让更多人前来参赛，我们向国际大体联提出承诺给予部分贫困的国家和地区代表团、运动员赞助和支持，这深受国际大体联的好评，参加团队非常踊跃。

不少代表团在比赛开幕式的时候还特别做了标语，“感谢深圳人民，深圳我爱你”。大运会不仅为运动员提供了同台竞技的机会，也建立了友好交流的平台，让他们进一步认识深圳。他们对深圳的印象都特别好，觉得深圳年轻、漂亮、干净，同时也对我们的服务赞不绝口，临走时，他们都恋恋不舍，拉着我们的手，表示将来有机会，一定带着家人、朋友再来。

肆

大运会的圆满举办，离不开国家的关心支持和深圳市委、市政府的坚强领导，同时也离不开全体市民的努力和组委会工作人员的默默奉献。

大运会的圆满举办是这座城市的成功

在大运会的筹办过程中，让人感动的人和事层出不穷。如大运会筹备之初要建立官方网站，但发现许多简单易记的域名已经被人抢注，有人还要把抢注的域名以高价卖给我们。在我们一筹莫展时，市青少年宫一位干部主动找到执行局，将他注册的域名无偿赠送给组委会。

在大运会场馆建设二期期间，由于时间紧任务重，许多建设者吃住都在工地，连春节也不放假。为了尽快完成任务，其中还有一名建设者连婚礼都一再推迟，最后组委会为他们组织了一场工地婚礼，婚礼简朴而热烈，新人高兴地说：我们要把大运会的喜气融入新的生活，大运会与我们同行。

大运会的举行，吸引了 2.2 万名赛事志愿者，2.5 万名城市志愿者，100 万名社会志愿者，设立了 750 个志愿者服务 U 站，共同为大赛提供热情周到的服务。大运会期间，除了志愿者们尽心尽力，40 多万辆车主还主动申报停驶，把方便让给大运会，以保障大运会期间交通顺畅。

大运会的圆满举办，是全体市民付出努力的结果，是这座城市取得的大成功。作为城市的一员，我感到十分欣慰和自豪。

在深圳工作期间，我在不断学习、成长，也见证着深圳的巨变。深圳是一座包容的城市，也是一座梦想成真的城市。这座城市在告诉所有人，只要用心，就能找到自己的位置。对我来说，深圳给了我机会，给了我展示才华的平台，我特别感激深圳。

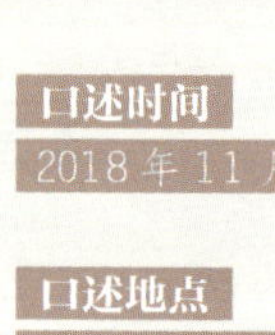

口述时间

2018 年 11 月 9 日上午

口述地点

深圳市慈善会（中民时代广场 B 座）

口——————述——————者

房　涛

Fang Tao

1968 年 10 月 5 日出生于南京，深圳市政协常委会委员，深圳市慈善会执行副会长兼秘书长，深圳经济特区社会工作学院执行院长，深圳市创新企业社会责任促进中心副理事长，现代慈善和有效公益的倡导者和践行者，曾两度获“中国慈善百人”“责任中国慈善公益人物”等称号。其领导的深圳市慈善会实现捐赠超过 30 亿元，其中“来深建设者关爱基金”和“雏鹰展翅——贫困家庭大学生助学”公益项目多次荣获“中华慈善奖”。

感恩这个时代，感恩深圳这座现代化国际化创新型城市，感恩改革开放的丰硕成果。深圳市慈善会能取得今天这样的成绩，是整个团队努力的结果，是这座城市和时代使然，我深以为荣。

房　涛：
见证深圳慈善事业创新发展

壹

《财富的归宿》这本书一下子击中了我，我觉得企业界少我一个无所谓，但这座城市需要更多的人去做公益。

放弃稳定工作来深闯荡

我在南京长大，大学毕业后被分配到了南京市旅游局。1992年，我带团到深圳旅行。晚上九点半，火车路过人民桥，一路灯火通明，当时就觉得深圳特别繁华，整车人都在喊“深圳到了”，有人流下了激动的眼泪，可能大家都有关于深圳的梦想，人在其中很容易受感染。

当时南京市旅游局的工作很稳定但也相对固化，深圳的气氛则完全不同，我就决定辞去工作，来深圳闯一闯。

初到深圳，我一共搬了 9 次家，换一份工作搬一次家。一辆三轮车装着全部家当，从一个宿舍到另一个宿舍。有时候是自己一个人边搬边哭，没有亲人在深圳，不知道自己下一步该怎么办；有时候又是欢天喜地的，一大帮朋友一起到一个新地方，开始一段新生活。酸甜苦辣中，我的生活和工作慢慢稳定，在深圳扎下了根。

从普通职员到项目经理、办公室主任，又升到公司副总裁，我在企业工作了15年，其间还读了两个专业的研究生学位。这段经历让我一直保持一个信念：人要不断地进步和向上。

跨界转型进入公益领域

2002年，我迎来了工作上的转机，我被深圳市企业联合会邀请参与他们的社团建设，因此有了很多外出交流学习的机会。有一次到香港，他们说香港最有影响力的是赛马会，然后才是政府部门、香港工业总会，社会组织在香港有这样的凝聚力和号召力让我很震撼，也在我心里播下了一颗种子。

2005年我参与创建了深圳市商业联合会，并担任常务副秘书长。从商会筹建、规划到最终成形，我都参与其中。2007年，深圳市慈善会做出改革决定，要在社会上遴选一位秘书长。当时很多社会组织的副秘书长都接到了邀约，我是其中之一。那时候深圳市商业联合会的发展很好，我有些犹豫。后来市民政局的领导找我谈了3次话，调研了整整2个月，领导的改革创新精神和对全球慈善发展态势的理解打动了我。

2007年7月，我正式担任深圳市慈善会秘书长，成为一名全职慈善工作者。

当时我的家人、朋友都不认为这是一个正确的选择。他们觉得我应该在商圈打拼，积累更坚实的基础，甚至有人认为，我怎么会有资格做慈善呢？那一般都是腰缠万贯或者上了年纪的富翁才会做的。

接下来的3个月，我恶补了许多跟公益相关的知识，这其中对我影响最大的就是《财富的归宿》，这本书一下子击中了我，让我对财富的归属和资本的良心有了一个完全不同的认知。

在当时的深圳，商业界的发展如火如荼，但慈善业界的发展，则要缓慢和落后很多。但是随着我国经济的高速发展，随着人们对生存、安全等基本需求的满足，越来越多的人会转向对爱、尊重、自我实现等诉求的满足，而公益是实现这些诉求非常重要的一个路径。

我觉得企业界少一个人无所谓，但是一定要有 N 个我投身到公益中，推动中国公益事业的发展。

贰

我在企业和社会组织的工作经历，让我能看到政府、企业和市场三个方面。深圳市慈善会要做的不仅是普通的捐赠，更是社会价值的有效投资。

慈善成为终身奋斗的事业

2007 年的深圳市慈善会刚刚成立不到 3 年，不管是认知度、影响力还是捐赠额，都很小。当时我带慈善会团队去深圳一家非常有名的慈善组织交流学习，两相对比，差距显而易见。

但是 2008 年几个大事件的发生，让深圳市慈善会在全国慈善组织的队列中脱颖而出。

首先是年初的雪灾，深圳市慈善会捐赠额高达 2800 多万元。接着发生了“5·12”汶川大地震，深圳市慈善会打了一场硬仗，我们团队“战斗”了 50 多天，中间几乎没有休息，每天都是接待排着队来捐款的人。

那时候一天跑 5 场捐赠活动是常态。有时上午在宝安国际机场，下午又在坪山坑梓，有些机构组织的募捐活动可能只募到 5 万元或者更少，但是对于这个活动的组织者而言，这就是他们为“5·12”做得最真心最热切的一件事。所以每一场活动我们都不落下，银行也跟着我们跑，捐赠人的钱直接转到银行的指定账户里，用于捐赠人最关注的紧急救援或灾后重建项目。

两个月里，我们组织参加了 70 多场慈善公益专项活动，所有工作人员都累得直不起腰、讲不出话。最后，市区两级慈善会共募集善款 10.75 亿元，是全国城市慈善会系统的第一名。

2008 年 12 月 5 日，在北京举行的中华慈善大会上，深圳市慈善会获得了中华慈善奖，我们带领的 21 家捐赠人获得了国家领导人的接见和表彰。大会结束后，我给 29 个同事和朋友发了短信，简单说了一下这个事。当时我还是处于一种工作的紧张状态，23 个朋友瞬间回复了我，说我做了一件很有意义的事情。

也就是那天，我坚定了将慈善当作终身奋斗的事业的决心。

从“化缘慈善”到“经营公益”

2008 年的慈善捐赠，体现了深圳的城市精神和品格，但我走访企业时也发现，个别企业为了抗震救灾，一激动把自己的流动资金捐了。2008 年，个别企业的生产线停了一大半，还辞退了工人。

当时我也比较年轻热血，首创慈善要帮助捐赠人的理念，“不裁员不减薪就是最大的慈善，要跟企业主共克时艰”。只要企业在深圳市慈善会捐赠过，深圳市慈善会就愿意用“来深建设者关爱基金”项目帮助企业做普工到技术工的培训，留住劳务人员，等到经济复苏的时候，企业就可以快速恢复生产。

我觉得慈善不是一次性的捐助，而是可持续发展。很多企业认为公益就是抗震救灾、扶贫助学，这其实是因为慈善产品太少了。所以我们要做战略慈善，帮不同的捐赠人定制不同的慈善规划，秉持着这样的想法，2008 年我们首创了冠名基金模式。

2008 年年底，百丽国际公益基金捐 800 万元准备建一所希望小学，因为场地商议无果，我就问负责人，皮革行业里中小企业升级换代的核心和困难是什么？他说是设计和品牌。800 万元做不了品牌，我们就商定做原创设计板块的公益。

当时深圳很多加工型的企业，赚的都是辛苦钱，因为设计和品牌都是别人的，我们就把这笔公益基金投放到中国皮革公益项目大赛，帮助培训大学生和初级设计师，慢慢推动产业变革和产业升级。

在大赛中获奖的学生会被送到米兰顶级设计学校学习，学成归来后深圳皮革的十大品牌企业将帮助他们设立工作室，以此扶持企业品牌和设计板块的发展，等他们设计的作品进入市场后，利润的10%将回流到基金。这个项目一方面帮助深圳企业的产业升级和人力资源提升，另一方面也帮助了大学生就业创业，还提升了行业凝聚力和志愿服务精神，一年投入80万元，如今已经做到第10年了。

在我们的努力下，这种冠名基金战略目前已经延及250多家企业的管理基金，涵盖了14个领域，筹资规模超5.94亿元。

原来“化缘慈善”是要钱，现在“经营公益”是主动劝募、专业运营，不再被动“等钱上门”。我们走出去跟企业家、商业平台组织、金融机构打交道，吸引他们参与进来，通过战略慈善、公益创投、慈善信托等多种方式实现公益的自我造血，把消耗型的捐赠转化成影响力投资，转化成社会价值投资。

有效是公益最珍贵的品格

阳光透明是公益的底线，但我认为有效是公益最珍贵的品格。一是慈善的生态圈要均衡发展，即研发、执行、金融、品牌、创意各有分工；二是像企业一样学会做减法，能够有核心服务力，在重点领域让捐赠人满意；三是善用互联网科技和公益金融的力量，以人人公益和慈善咨询打造“深圳模式”。

公益金融目前在深圳是一个刚起步的阶段，前不久，《慈善组织保值增值投资活动管理暂行办法》出台，鼓励慈善组织进行合法、安全、有效的投资。

我们原来就是将筹款存放在银行“吃利息”，这种保守的保值增值行为，资金产生效能不高。

现在按照新规，慈善机构可以通过第三方做保值增值，一年的收益可能能提升三四个点，在我看来，公益金融就是让公益为金融注入良心和血脉，让金融为公益插上翅膀。

传统的慈善还只停留在捐款捐物上面，这只能呈现线性效用，但公益金融却可以呈现指数效应，让金融领域的方式、智慧服务于慈善公益的有效性。

但是公众会认为金融有风险，对此会有质疑，所以审慎投资以及如何做好防范措施，是公益组织要思考的。

叁

从首推社区基金会到走改革的第三条道路，改革创新是慈善事业的根本出路和主流；科学有效配置慈善资源，是慈善组织的生命力所在。

培育孵化 50 多家社区基金和社区基金会

2012 年，我随中国基金会代表团在美国学习，当时就感觉深圳市慈善会应该向社区基金会转型。回国后，我开始尝试推动深圳市慈善会的转型。

当时，市民政局也是改革创新举措频频。2014 年 3 月，《深圳市社区基金会培育发展工作暂行办法》出台，我们得以抓住机会，在全国率先开展深圳市社区基金（会）的培育孵化和运营监管等工作。那时，社区基金会在国外已经有 100 年的历史了，而在中国刚刚开篇，由深圳首推。

社区基金会的核心是“三本”，即本地资源、本地利益相关者和解决本地问题。它不止于扶贫济困和一般慈善活动，更可以多元化地满足老百姓参与公共服务和管理的需求，有利于推动基层协商民主和社会治理。

社区基金会的基金是公共、公益财产，用来解决居民自己商议出来的问题。

在这个过程中，居民能形成公民意识：我的社区建设我有责任。公众对美好生活都有向往，同时这份向往的实现人人有责。

现在，深圳市慈善会共培育孵化了 50 多支社区基金和社区基金会。

我最终的期望是，深圳市慈善会定位为深圳城市级社区基金会，成为深圳人实现慈善诉求、倡导慈善精神、参与公益行动的平台。

不停地奔跑才能不负使命

深圳市慈善会现在有两个老牌项目，“来深建设者关爱基金”和“雏鹰展翅计划”，但我们在及时回应公众的需求和新项目的设计上远远不够。

未来我希望能够有更优质的项目产生，比如我们现在做“深善空间”项目，就是促进整体社会要素的分配。一是将绿色扶贫产品介绍给市民，一方面解决农产品的销售问题，另一方面让深圳市民能够享受有机食品。二是社会组织的活动直接落实到社区公共空间。三是开设“时间银行”，每个人可以把自己奉献给社区的时间寄存起来，然后兑换其他人的劳动时间。四是闲置物品置换，物尽其用，环保循环。

现在是人人公益的时代，越来越多的人理解公益，并且参与进来，整个行业也在快速发展，我们必须不停地奔跑，才能不负使命。中国的公益组织也越来越跟国际接轨，我也希望有更多专业人士进入公益领域，未来这个领域会有希望，也会更生机盎然。

口述时间
2019 年 7 月 2 日
口述地点
深圳市飞行大厦

口 —————— 述 —————— 者

余现普

Yu Xianpu

1949 年出生，河南省滑县人，曾任南方航空公司深圳分公司大型机飞行教员、南方航空深圳分公司功勋机长，国家一级飞行员。因保证安全飞行超过 2 万小时，被中国民航总局授予飞行员最高荣誉“功勋飞行员”称号。余现普连续安全飞行 37 年，飞行时间 3.1 万多小时，创下了飞行零差错的优秀安全纪录，获得中国民航总局颁发的“金质奖章”。

我在深圳生活了 20 多年，这座城市让我变得更加成熟。我的事业有三个腾飞点，第一次是 1968 年入伍当兵，第二次是在民航学校当飞行教员，第三次便是来南航深圳分公司。深圳为我的职业生涯打开了另外一扇窗，圆了我的飞行梦想，感谢深圳。

余现普：
见证南航发展的深圳速度

壹

我从小的愿望便是飞上蓝天，这一次终于如愿以偿了。

一波三折，飞行梦成真

我成为一名飞行员的梦想很大程度上源于成长环境。从小，我们所受的教育就是为国家奉献力量，那时人们常说“电灯电话楼上楼下”“穿皮鞋戴手表”，这些在当时看来都是一种期盼，更别提坐飞机了，所以开飞机成为我的一种理想和追求。

1966年，我初中毕业，报名参加飞行员选拔活动，那时飞行员是从初中应届毕业生中选的。经过多重筛选，我成为我们中学唯一的候选人，但最终还是落选了。

1968年2月，我应征入伍。刚好那年部队在选空军飞行员，我赶紧报了名。这一次同样卡在了“最终关口”，体检都通过了，但还是没被录取。

第二年，部队又一次招飞行员。飞行员有两个要求，一是身体素质要过硬，二是有一定的文化水平，我两项都符合。可能因为这样，我们连的指导员主动找到我，问我是否要报名。在我看来，当飞行员与当一名普通的战士还是有些区别的，我从小的愿望便是飞上蓝天，所以当第三次机会来到我面前时，我毫不犹豫地抓住了它。也正是这一次，我闯过重重难关，成功被空军第十四航空学校（现为“中国民用航空飞行学院”）录取了。

艰苦却充实的学员生活

当时民航归空军管，我加入空军序列时保留着军籍，虽是飞行学院的学员，但还是把军人的身份放在第一位。学校从飞行员中找了一位知识渊博的飞行员干部来教我们领航学，从机务工程师中请了一位机械师来给我们讲飞机发动机和特种设备，从气象台找了一位预报员给我们讲气象学。

那时候学习条件比较艰苦，没有教室、没有教材，只有一块黑板。每人发放一张小板凳、一个本子、两支铅笔，老师在黑板上写写画画给我们讲课，我们在下边记笔记。上课地点有时在室内，有时在露天平地。除了最主要的理论学习外，我们也有飞行实践操作。

在学习的同时，我们还要站岗、放哨、挖地洞，有时还要修路、种水稻、养猪、磨豆腐。那个年代，很多事情都需要自己做。一切都要服从命令，听指挥。当时飞行员没有小时费，只有伙食费，管吃管住，还管发衣服，基本上不用花钱。毕业之后工资 52 元一个月，这在当时已经是相当高了。

贰

有句话叫“桃李满天下”，而我是“桃李满天上”。

留校成为飞行教员

1972 年毕业之后，我留在学校成为一名飞行教员。

实际上，这不是我心之所向。作为一名飞行员，我的理想是能驾驶大飞机，在蓝天上翱翔。但当时飞行人才稀缺，大队长找我谈话，希望我能留下来任教，因为我学习一直都名列前茅，又是区队长，思前想后，我决定留下来当一名飞行教员。我深知，如果没有人传授知识，便无法培养更多优秀的飞行人才。

作为一名飞行教员，我会教导理论知识，陪学员做飞行训练。除了掌握飞行技术，树立责任感、使命感和人文精神也尤为重要。对于这些学员来说，虽然在学校的飞行训练比较简单，飞机小、易操作，但一不留神也容易出大事。

1991 年，我和一个学生做飞行训练，在飞行训练中飞机正常落地后，应当继续起飞。如要起飞，飞行员应该加油门，保持好方向继续起飞。但当时那个学员没有加油门，反而收起了起落架。这个情况会导致飞机失去平衡，歪向一边，机翼擦地。这个时候我迅速摁下起落架手柄。但是电子操纵比手动操纵更快，这个补救措施不行，我只有赶紧压杆蹬舵，让飞机尽量不要在高速的情况下倾斜下去。就这样，我操纵着飞机慢慢地偏出跑道，让飞机在草地上停了下来。

飞机停稳后，我有些生气，问他为什么要收回起落架，谁知他回答："我以为在空中呢。"原来那个学员那几天精神状态不好，处于一种恍惚的状态。如果这事发生在实际飞行中，将酿成大祸。所以即使是飞行训练，作为一名飞行员，精神也一定要集中，否则错误的一个动作、一件小事，将会使他的飞行生涯就此结束。

我在航空学校度过 23 个春秋，当了 20 年的教员。可以说，我大部分青春都献给了学校和民航。我培养了一批又一批的飞行员，民航各个地方几乎都有我的学生。有句话叫"桃李满天下"，而我是"桃李满天上"。

来到深圳重新出发

20 世纪 90 年代初，民航体制进行改革。

1987 年，政府决定对民航业进行以航空公司与机场分设为特征的体制改革。主要内容是将原民航北京、上海、广州、西安、成都、沈阳 6 个地区管理局的航空运输和通用航空相关业务、资产和人员分离出来，组建 6 家国家骨干航空公司，实行自主经营、自负盈亏、平等竞争。这 6 家国家骨干航空公司分别是：中国国际航空公司、中国东方航空公司、中国南方航空公司、中国西南航空公司、中国西北航空公司、中国北方航空公司。此外，以经营通用航空业务为主并兼营航空运输业务的中国通用航空公司也于 1989 年 7 月成立。

在此基础上，1992 年 2 月，深圳第一家航空公司——中国南方航空公司深圳分公司成立，当时公司正值起步发展阶段，急需大量飞行人才。在四川的我通过朋友得知此事，开始盘算着换份工作。过去 20 多年里，我一直待在学校，尚未真正走出校门，也是时候去外面闯荡一番了。没有过多犹豫，我向学校申请了辞职，来到深圳，进入南航。

刚进南航，我重拾起飞行学员的身份。虽然我有多年飞行教员的经验，但在航校时，我驾驶的是只有一台发动机的教练飞机，比较小，现在进入南航，驾驶的都是两个发动机的飞机，所以得从头学习。

南航最初在深圳投放了 12 架飞机，4 架波音 737、4 架波音 757，还有 4 架萨伯 340。萨伯 340 是中型飞机，只能飞支线，充当飞行员训练的过渡性飞机。像我们没有飞过两台发动机的，只能先练习最小的萨伯 340，再改飞波音 737、波音 757。当时南航对我们还做了一个规定，到深圳以后只能飞萨伯 340，只要这个型号还在公司，都不能更改飞机。但是没想到，到了 1993 年，领导给我打电话说："老余，现在可以改飞波音 737 型号飞机了，你改不改？"当然改，抓住这次机会，我顺利地过渡到波音 737。

叁

当一名飞行员，肩上扛着的责任不仅关乎自己，而且关乎国家的财产、人民的生命，这是最重要的。

飞行生涯中的惊险经历

先飞萨伯 340，再飞波音 737、波音 757，到飞空客 320。对每一种机型，我都是学完教、教完学，再学再教、再教再学。

无论是做学员，还是机长，抑或是飞行教员，保证飞行安全的思想，是我从学习驾驶飞机之初就一直秉承的思想，这也是民航中飞行员一直传承的思想。关于飞行的事情没有大小，一个手柄、一个电门、一个动作没做好，都有可能造成飞行事故。

我在驾驶波音 737 时就曾遇到过紧急情况。我当时是副驾驶，和机长、另一位副驾驶一起飞行。那天天气不好，下雨且有雷暴。那位副驾驶在民航的各方面的飞行经验比较少，和机长的配合不太顺利，加上天气恶劣，飞机有些警告都已经响了。我见状，赶紧替换了另一位副驾驶的位置，首先提醒机长把飞机稳住，并配合机长做好通信及其他工作。飞机最后总算正常落地了，但过程非常紧张。

飞机上每位机组成员都有明确的分工，同时又要互相协作、互相提醒，搞好驾驶舱资源管理，保证安全。出了问题，不管是谁，都有责任。当一名飞行员，肩上扛着的责任不仅关乎自己，而且关乎国家的财产、人民的生命，这是最重要的。

担任飞行部副政委

几十年间，我见证了南航深圳公司从无到有、从小到大的发展历程。我的事业也在南航深圳公司的发展壮大中得到升华：1995 年，因保证安全飞行超过 2 万小时，我荣膺中国民航局“功勋飞行员”称号；1998 年 11 月，我升任南航深圳公司飞行部副政委；2001 年 8 月，担任政委。

在我担任南航飞行部副政委时，我要同时兼顾飞行和值班，主要抓思想政治工作。1998 年，深圳南航公司成立的时间不长，内部人员思想不稳定，我的任务便是“稳定军心”，把人心凝聚起来，树正气，去歪风邪气。

口说无用，首先要以身作则，所以我们办了干部学习和培训班。其次是要安排好老同志，把老同志安抚好了，就有说服力。

飞行员看重的是技术，所以在平常飞行之余，公司每年还会为他们安排两次模拟训练。模拟飞机与真实飞机的环境完全相同，飞行员们需要在有限时间内处理有可能出现的特殊情况。模拟操作之后，飞行教员再与飞行员讲评刚刚的操作中，哪些环节做得有误，下次怎样做得更好。通过这些方式，我们才能不断磨练飞行员的技术，力求将危险指数降到最低。

肆

我 1992 年来到南航深圳分公司，2009 年退休，见证了南航 17 年的发展。在这个行业这么多年，我感到很圆满。

南航发展体现“深圳速度”

2009 年 9 月 13 日，我驾驶的最后一班飞机安全落地，为我在南航的职业生涯画上了一个完美的句号。

我 1992 年来到南航深圳分公司，2009 年退休，见证了南航 17 年的发展。南航深圳分公司发展很快，无论是从飞机的数量与载客量，还是从飞行员的数量来说，都有好几倍的增长。

从南航退休后，我到了私人飞行公司继续飞行，直到 2017 年真正退休。我常说的一句话是，我这一生只干了一件事，就是开飞机。开飞机是我的主业，当干部是我的副业，我这一生离不开开飞机。在这个行业这么多年，我感到很圆满。

我在深圳生活了 20 多年，这座城市让我变得更加成熟。我的事业有三个腾飞点，第一次是 1968 年入伍当兵，第二次是在民航学校当飞行教员，第三次便是来南航深圳分公司。深圳为我的职业生涯打开了另外一扇窗，圆了我的飞行梦想，感谢深圳。

口述时间

2019 年 10 月 15 日

口述地点

深圳画院

口——————述——————者

董小明

Dong Xiaoming

1948年生于香港，毕业于浙江美术学院（现中国美术学院）版画系。曾任中国美术家协会书记处书记、全国美展总评审、深圳国际水墨双年展执行主席等职。1992年来到深圳，1996年任深圳文化局副局长兼深圳画院院长。现为中国美术家协会理事、中国画学会副会长、深圳文联名誉主席、深圳画院名誉院长、国家一级美术师、中国国家画院研究员。30余年来，董小明致力于传统中国画革新的理论探索和创作实践，是提出具有开创性的“城市山水画”和“都市水墨课题”的学科带头人。曾应邀在联合国总部作关于当代中国美术的演讲、举办个展，并应邀在欧洲、亚洲多国的主流美术馆和国内多家重点专业美术馆举办个展。

当年我有一种预感：到深圳可以有更广阔的天地、更大的作为，于是我毅然决定南下。将近 30 年来，我见证了深圳文化敢为天下先、海纳百川、有容乃大的特质。深圳创造和积淀的文化成果，其实包含着全国艺术家们的心血和汗水。如何继续保持这种文化创造的活力和凝聚力，正是我一直在思考和努力的课题。

董小明：
向世界传播中国水墨艺术

壹

了解和参与全国美术发展的进程和国际交流，这让我在中国美协工作中得到了特殊的专业滋养。

青年时期在全国美术工作中历练

我从小学画，少年时就考上了著名的浙江美术学院附中。浙江美院是中国美术学院的前身，在此之前是由蔡元培和林风眠等创立的杭州国立艺专。20 世纪 60 年代后期，我们被迫中断了美院附中的专业学习，我来到浙江东阳县（现为东阳市）。在那里本来没有任何专业空间，但这种境遇反而给了我接触生活和社会实践的机会。1972 年后，我在县里组织群众美术活动，自己也创作了不少反映生活的作品，参加浙江省和全国的展览。当时东阳县那批搞创作的人有几个到今天都成了名家，可以说我的专业美术生涯就是从那里开始的。“文革”后我调回杭州到浙江省美术创作办公室，参加全省的美术组织工作，并且继续从事创作和在美院版画系的学习。

1984 年，中国美术家协会恢复工作，中央有关部门人事安排小组抽调我参加美协临时领导小组，我又到了北京。在中国美术家协会第四次全国代表大会上我当选中国美协理事，担任了书记处书记。那时我才35岁，没有任何顾虑，全身心投入工作。很幸运，我一个小辈竟然与华君武、蔡若虹、王朝闻、吴作人、李可染、叶浅予等老一辈美术家朝夕相处，耳濡目染，给了我一个年轻美术家成长中最好的学习机会，那是值得我一生珍惜的日子。

我从第六届开始参加全国美术作品展览工作，当时全国美术作品展览格局已明显不适应美术事业发展的需要，就像一件小时候穿的衣服，到后来太小了，穿不下了。第七届全国美展上我们实施了一次重大改革。开始按画种分展区展出，增加了容量，也增强了专业性。而且在展览筹备过程中结合创作，发动、组织了各画种的理论研讨活动，对当时全国美术创作从思想到实践的正本清源产生了积极作用，推动了新时期中国美术创作的大步前行。以后的历届全国美展，不断革新，更加完善，可以说是七届美展的改革为此打下了良好的基础。我作为分管展览和艺委会的书记，兼任全国美展办主任，亲历了中国美术的这一历史进程。了解和参与全国美术发展的进程和国际交流，让我在中国美协的工作中得到了特殊的专业滋养。

只不过在美协紧张热烈的工作之余，我根本不可能再进行版画创作了。作为一个画家，我两个月不画画就像生病了一样。怎么办呢？我只好见缝插针地画一些儿童文学的插图和绘本，只要有一张小桌子就行，拿得起，放得下，干完活就画一点。那时我创作出版了一批作品，20世纪80年代，我被评为全国“儿童画十佳”画家之一；我的儿童绘本作品入选全国美展和国际书展，在国内外发行；当年创作的一本《崂山道士》2013年再版，还入选了“中国最美的书”，也算“歪打正着”。这些从夹缝中挤出来的东西，也填补了那些年创作的空白，丰富了我的创作成果。

贰

此时此刻，我有一种预感：到深圳可以有更广阔的天地、更大的作为，于是我毅然决定南下。

与深圳结下了缘分

中国美协是全国美术家的专业性群众组织，以联络协调服务美术家为职责。我认为它的负责人应该不断产生于全国中青年美术家之中，以保持活力。基于这一认识，我在到美协之初就想好了：完成一届工作任务之后，回到专业岗位。特殊的经历，让我过早担负了美术工作管理的职责，因而经常纠结于没有创作实践的时间。回归一个画家的生存状态，是我长时期的愿望。

在北京工作了七八年，其间浙江省曾几次希望调我回去，1990 年省里决定调我到省文联当书记，同时把省画院的工作也干起来。我已经准备回浙江了，但我太太对我说：“回文联你的行政工作更重了，你就整天与人打交道吧！”想到这点我又纠结了。

这期间在中国美协的工作还让我与改革开放的深圳结下了缘分。第七届全国美术作品展览筹备期间我到深圳考察，我感受到这片热土广阔的发展空间和对文化的强烈渴求，于是决定把那一届全国美展的水彩分展区放在深圳。这期间深圳市领导跟我谈深圳的文化，我们有许多共同语言。

在香蜜湖的一次活动中，我与深圳一位市领导坐在一起，他说：“我想邀请你到我们这里来。”从那时起，我开始有了来深圳的想法。后来这位市领导想尽办法，前前后后做了好多次工作，要把我请来。他每次到北京开会，一定要找我和我最熟悉的朋友，有一个假期，甚至还把我太太请到深圳来看看。

深圳市领导对文化工作的诚意令我感动，此外，从 20 世纪七八十年代起我就和林墉等艺术家相交，这些好朋友也欢迎我南下。那时，我有一种预感：到深圳可以有更广阔的天地、更大的作为，于是我毅然决定南下。当时好多朋友都问："小明，你怎么下海了？"而一些北京的老先生很舍不得我，比如著名画家叶浅予先生听说我走了还流泪了："怎么你说走就走了。"

本来我想的是到了深圳就回归艺术创作，没想到到深圳的第一天，市领导就告诉我，"你先在市委宣传部挂个职吧！"但是之前说好了我来深圳的工作就是建设画院。我执意遵循约定，不再担任其他行政工作，就此实现回归做一个画家的愿望。然而之后深圳文化发展的形势，却使自己难以置身事外，深圳的文化以超常规的方式向前发展，于是我又担任了市文化局的领导职务，很快又陷入更多行政工作和创作的两难之中。此情常为北京的老朋友们笑谈，无奈，这就是我的宿命吧。

叁

我到了深圳之后有个强烈的感受，中国的社会在发生着变革，但这个变革缺少艺术家的参与。

率先在全国推行"客座画家"制度

在罗湖区黄贝路怡景花园禄景道10号，一棵大树的正对面是一座30多年的老房子。1986年画院成立后，花了30多万元买了这栋小楼。1997年我进入画院时，正好赶上画院迁入银湖新址，这里改成版画工作室。我一入职就背着行李到了新址，开始和工人一起打理楼房，晚上也睡在那儿。

20世纪八九十年代，深圳掀起了一股文化设施建设风潮。深圳非常重视文化，讲物质文明，也讲精神文明，"两手抓，两手都要硬”，深圳画院正是当时新八大文化设施之一。从怡景花园的一栋小楼到银湖的艺术殿堂，从求贤若渴到人才济济，从初生牛犊到自成一派，从默默无闻到全国美术重镇，深圳画院是深圳 20 世纪 90 年代文化繁荣发展的一个缩影。

深圳市文化事业是靠政策和人才发展起来的，“不是猛龙不过江”。改革开放初期，深圳的艺坛就汇集了陆俨少、唐云、宋文治和程十发 “四大家”，他们成为深圳文化的宝贵资源。因为深刻认识到人才对艺术发展的重要性，所以从 2000 年起，深圳画院率先在全国画院中推行“客座画家”制度。

“客座画家”所聘任的对象是海内外从事视觉艺术创作的专业人士。迄今为止，已有来自欧、亚、非、北美、南美 30 多个地区，70 余位艺术家，在深圳创作、研究、交流、办展，从而扩大了专业队伍。在客座画家制度基础上，深圳画院从 2012 年开始实行签约艺术家制度，进一步打造了一支包括驻院艺术家、客座艺术家、签约艺术家在内的专业美术创作队伍。

开拓都市水墨大课题

我到了深圳之后有个强烈的感受：中国的社会在发生着变革，但这个变革缺少艺术家的参与。为什么没有艺术家来表现深圳翻天覆地的变化？

于是我就提出“深圳画家画深圳”这样一个课题，组织画家一起来画深圳，到华侨城、国贸大厦、罗湖口岸、大梅沙等地写生，展览引起社会广泛兴趣，这批作品在《人民日报》上发表以后得到了更多人的关注。

传统中国山水画革新，重点是要改变长期远离人们生活的状况。世界上的任何一个画种都可以表现城市，唯独传统中国山水画不画城市。我们要表现出变革中我们生存的环境，画城市，我称之为“城市山水画”。我认为，建立在农业文明基础上的山水画，应该面对工业文明和信息时代的自然观和审美意识的变化而改革。在这样的文化背景下，我们的“城市山水画”课题也就应运而生。进而，我们研究水墨和都市的关系，开拓了都市水墨这一中国画与时代同行的大课题。

我来深圳之后推动的另一件事，是创立“深圳国际水墨双年展”。自 1998 年以来，“深圳国际水墨双年展”已经成功连续举办多届。它缘起于 1988 年中国美协、中国画研究院一起推出的“北京国际水墨邀请展”，这是中国第一次策办的国际性美术展。它既弘扬了我们民族的文化，又与国际和时代接轨。当时我还提出要办成“双年展”。深圳是中国改革开放的窗口，也承担着中外文化交流的责任，所以我来到深圳以后首先就是筹划这个事情。

那时我们设想，每两年办一次，一次在北京，一次在深圳。那时其他的城市还不具备这样的条件，而深圳的经济社会发展可以给文化事业提供一定的资源，当时包括市委、市政府都全力支持。展览时，全国各地画院的代表和最有代表性的画家都来了，特别是中国台湾的画家，国外我们也邀请了一些。

肆

我逼着自己不断画，同时也把这个当作向世界传播中国水墨艺术的一项工作，这是作为一个中国画家的责任。

坚持十余年画荷画传统

我来深圳其实就是想做专业工作，这是我年轻时候的愿望。作为一名画家，我长时间以来深感惭愧和无奈：境遇所累，想得很多，画得太少。20 世纪 80 年代末，我开始参与推动传统水墨画革新的工作，提出和研究一些课题，也引发了我自身的水墨画实践。墨荷，是我持续十多年的画题，每当夜深人静时，我便用水墨来洗涤心灵。开始时，我只把画荷当作是与自己对话的方式，把这种方式珍视为在精神上的半亩方塘。因为没有想到出版和展出，作品尚有一丝今日的文人画的气息。1999 年联合国总部邀请我作一个关于中国水墨画的演讲，由此促成了 2001 年我在纽约的“董小明墨荷展”。

之后，我基本坚持每年应邀在国外的美术馆办一个个展，以此逼着自己不断地画。同时也把这个当作向世界传播中国水墨艺术的一项工作和作为一个中国画家的责任。 因为展览了，想得就多了，画风渐渐就变化了，也不知是得是失。近年来，我较多思考传统水墨在当今文化语境下的生存状态和拓展其表现领域及表现力的问题。我开始尝试用一些新的材质、工具和方法做水墨，有些作品的形态离传统水墨画的样式就远了。但是，当有人质疑“你这是画什么”的时候，我能清晰地回答：“画传统。”其实我只是试图用今天的观念和方法，理解、阐释传统水墨画的内涵和美，希望它们能在艺术的当代形态中得以传承。

在近代绘画史上，以岭南派为代表的广东画家彰显了艺术革新的精神，这正是我们今天应该崇尚和继承的优秀传统。新时期以来，广东美术呈现出最好的发展态势，让我们义无反顾地致力创新，创造无愧于时代的艺术成果。

口述时间
2019 年 8 月 28 日

口述地点
深圳市飞亚达大厦

口述者

孙　磊

Sun Lei

1969年出生于辽宁沈阳，1992年毕业于沈阳航空航天大学。现任深圳市飞亚达（集团）股份有限公司总设计师，拥有30多个国家手表设计专利。中国航天表的设计者，其设计的神舟七号航天表荣获德国红点设计大奖，是我国最早获得德国红点设计大奖的钟表设计师。2005年获“中国设计业十大杰出青年”称号，2019年，因对钟表制造业做出的突出贡献获得国务院特殊津贴。

大学毕业后，我不顾父母反对只身来到深圳，进入飞亚达（集团）股份有限公司下属的手表外观件制造公司，成为一名钟表设计师。飞亚达诞生于深圳，在这片热土上，飞亚达不断创新，研制“航天表”，书写国内表业的诸多纪录。深圳给予了飞亚达展翅高飞的养分，飞亚达则给我提供了施展才能的一片天空，我对飞亚达和深圳充满了感恩之情。从 1992 年来到深圳，到如今已有 28 载，但我感觉我的事业才启程不久，未来我将继续深耕，为手表界带来更多创新的作品。

孙 磊：
在深圳追寻世界的钟表设计梦想

壹

受父母和成长环境的影响，我选择了一条当年很小众的道路——工业设计。

工业设计：理性和感性的交织

如今回想，大抵是父亲的理性和母亲的感性相互交织，铺垫了我的工业设计之路。

我是在沈阳长大的，父亲是中国最早一批从事飞机发动机制造的专家之一，在沈阳黎明发动机公司工作。我们居住之地是其附属地区。或许因为如此，我对机械工程一直挺感兴趣。我的母亲则极具艺术细胞。在母亲的熏陶下，我对美和艺术有很好的直觉。但如果让我走美术之路，则缺少了些动力，如父亲一般只做工程，又感觉有些枯燥。直到 1988 年，我考上了沈阳航空航天大学，发现了一门时髦的专业——工业设计。学习这门专业既需要形象思维，也需要逻辑思维，这不刚好适合我吗？尽管当时这个专业比较小众，我还是义无反顾选了这门专业。

大学毕业后，我收到 3 份录用通知书，分别来自北京、深圳、珠海。当时父母亲建议我去北京，因为离沈阳近，且可以落户。但思前想后，我选择来到深圳，这座充满着活力的城市。

抵达深圳，一切从零开始

1992年，我来到深圳，放眼望去，蓝天白云。深圳的夏天是炎热的，没有植被的土壤冒着火，路上熙熙攘攘，都是来自五湖四海的人。处在深圳的每一天，我都能接触到不同的文化，倾听不同的声音，人生体验密度在不断增加。

我进的第一间公司是飞亚达（集团）股份有限公司下属的外观件制造企业，成为驻场设计师。当时公司技术和设计尚未分家，没有专门的设计部，只有一个统一产品研发部，我主要负责手表的外观设计。那时企业规模很小，办公室只有两张办公桌、两台从瑞士进口的设备用来做手表零件。工作人员和仪器设备都在同一个办公间，我没有自己的办公桌，只能蹭别人的桌子坐在侧面。那时没有严格的评审体系，做设计主要凭个人喜好和感受，设计与市场之间存在较大的间隙，设计方向有些盲目。

直到2000年，集团总部成立研发部，设计、技术之间的分工才更加明确，与市场的距离更近了些，产品的需求逐渐明确，设计的方向逐步清晰。一个设计师应该怀着一颗诚恳的心来倾听市场的需求，来设计他的产品才对。除此之外，开放的政策环境让出国更加便利，我们多了很多向外国同行学习的机会，比如到瑞士巴塞尔看展，系统地学习品牌管理知识，使我拥有了更开阔的视野。

贰

从神舟五号到神舟七号，我伴随飞亚达完成"航天表"的跨越。

让中国设计"一起飞天"

2001年，中国航天计划正在紧锣密鼓地进行中，而航天员需要佩戴航天手表。中国航天医学工程研究所考察了国内市场的几十种中国产和进口手表，经过破坏性试验之后选中了飞亚达手表。那一年，两位身着便服的航天医学工程研究所的工作人员，敲开了飞亚达办公室的大门，希望飞亚达为航天员研制生活及工作用表。航天表的研制是整个中国手表业的历史性机遇，我们一定要紧紧抓住，绝不能丢失。

接受任务之后，我们跑到瑞士欧米茄手表博物馆走了一趟，亲眼观看了 20 世纪 60 年代研制的欧米茄航天表。这是一款从外观上与普通手表没有多大差别的老款表，也没有太多关于其特殊功能结构的技术说明，我们没有得到多少启发。别人的手表无可借鉴，那就自己来。

作为载人航天工程必不可少的一部分，航天表除了计时功能外，还要用于宇航服增压时间检测、宇航服的气密性检测等。在技术指标上，航天表还必须承受住各种考验，如耐冲击、耐辐射、耐超常加速度、耐振动、耐富氧环境、耐负压，等等，所以对手表的制造工艺和可靠性要求是相当苛刻的。比如说我们国家防磁表的标准是 4800 安培米，而我们要做到 48000 安培米，是国标的 10 倍。

那时候，飞亚达专门配备了一支 10 多人的工程设计队伍，专门负责航天表的内部结构设计。仅表盘、表针的时间显示方式，我们就设计出了 20 多种方案。每一种都在指针、色彩、刻度、形状等方面做足了功课。

通过 3 年多的研发，2003 年，我们在航天表领域取得了突破性的进展，完成了中国第一款航天员工作用表的设计。2003 年 10 月 16 日，该表伴随着中国首位宇航员杨利伟完成了中国历史上首次载人航天任务，这使中国成为第二个制造航天手表的国家，也使飞亚达成为全球继欧米茄、FORTIS（富利斯）之后的第三个制造航天表的手表品牌，这在中国钟表历史上具有里程碑的意义。

不断创新，克服困难

2005 年，我们完成了“神六”航天员航天飞行中使用的航天服表和航天工作用表的设计。到了“神舟七号”，我们遇到了更大的挑战。

“神舟七号”的航天员需要完成太空行走，相比于“神五”“神六”就要考虑到更多的因素。“神七”表是在外太空环境下工作的，需要温度在－80℃到80℃之间都能正常运转。而如何抗电磁干扰和太空零压力影响，清晰地显示时间界面，如何让航天员在舱外，戴着航天手套时操作手表，这些不仅是对技术的要求，也是对设计的要求。对我们制表人来讲，都是一个非常大的挑战。

航天员去太空后，由于要绕地球很多圈，黑夜白天的变幻迅速，对于时间的判断更加难以把握。因此，我们得设计出一款能让航天员分辨出北京时间是上午还是下午的表。后来，我们给航天员加了一个类似日历窗的小框，里面会显示 a.m.（上午）和 p.m.（下午），通过这种方式让航天员迅速知道准确的时间。

航天表另外一个很重要的功能便是计时。宇航服生命维持系统最长有 8 个小时，所以当航天员在舱外活动时，航天表在第七个小时就要提醒了。类似这些小细节，我们都经过非常仔细的研究和设计，最终做出的表不仅成功跟随航天员飞上太空，也获得了国内外多项设计奖项。

叁

十几年前，钟表行业抄袭严重，我更多致力于飞亚达的创新及原创设计，让飞亚达钟表在国际市场熠熠生辉。

为飞行员设计手表

2003 年，中国空军首次大规模为飞行员配备专用手表，有关部门十分重视，召集了国内外多个厂家和设计类院校参与投标，也包括飞亚达。当时集团总经理助理负责竞标，我主攻设计，前几轮送去我们已有的一些产品参与竞标，消息还算乐观。可到最后一轮，助理那边传出消息说，我们可能被淘汰，因为其他参赛者都提供最新的设计，我们提供的款式比较旧。这消息来得突然，也让我有些沮丧。

但我不想认输，我得重新设计一个表，让飞亚达入选。所以我跟领导申请去北京投标会，和有关部门直接沟通，明确对方的设计需求。

开完会后，在从北京回深圳的飞机上，我灵感涌现，运用飞机的造型元素，用 3 个小时画下一个草图，回公司继续细化。这个表跟传统的飞行表不太一样，但又具备很多飞行的概念，表的形状左右不对称，像三角翼的战斗机。当时由于时间紧迫，我们只做出了一个非常粗糙的样品，样品比手腕大得多，可以说不太符合人体工学，但有关部门看到样品眼前一亮，要我们改进，快速成表。

于是飞亚达团队过节加班加点地继续工作，这只新设计出来的表终于在投票中获得最多的选票。最终的飞行员表又在我的原设计上进行了一点改进，字盘上加入了五角星图案。鉴于我在飞行员表设计中做出的重要贡献，有关部门还为我颁发了荣誉证书。

从模仿到原创，中国设计之路越走越宽

20 世纪 90 年代，许多国产手表品牌兴起，但还仅停留在复制模仿的阶段。飞亚达一直很注重原创设计，那时，我们研发部经常去华强北的钟表配套市场转一转，那里的人都认识我们了。有时候，那些商铺老板甚至直接过来和我们说："你们快点出新款吧，我们都不知道做什么表了。"他们理直气壮的模样仿佛我们是他们公司的设计师一样。

当时中国对知识产权保护还没有很重视，特别是外观设计这一块的官司更是难打。而很多国产品牌经常是"拿来主义"，直接模仿。我经常在想怎么样才能让这个行业更重视原创设计，而不是停留在模仿阶段不前进。

于是在 2005 年，我们公司策划了第一届"飞亚达"杯手表设计大赛，目的之一就是在手表行业倡导原创设计，当然我们也在比赛里选拔人才，为年轻人提供脱颖而出的机会，倾听年轻人的想法。我们总共做了三届，后来由于时间和精力有限，暂停了

这个比赛。但我始终觉得这个比赛对于手表行业的原创设计还是产生了一定影响。

其实，对于手表行业来说，制表技术基本上相对固化，这对创新与创意提出了极高的要求，寻找突破口成为表行的一道难题。在许多外国人眼里，中国人在钟表设计这块缺少创新，直到2018年3月，我们带着最新设计的“亚瑟王”腕表去巴塞尔国际钟表珠宝展参展，当时这一最新设计震撼了外国同行，组委会很激动，许多外媒过来采访我们。展览期间这款表还放上了展览官网首页，这一切都在宣告着：中国人也能做出那么出色的原创作品。

肆

我设计的君王剑系列的“轩辕剑”腕表，创造出全新变革的读时方式。

“轩辕剑”腕表，一场时针革命

在所有设计中，我目前最满意的表是君王剑系列的“轩辕剑”腕表。它取材于中国传统文化，以中国十大名剑之首——黄帝的轩辕剑为名。剑是“百兵之君”，与无数传奇、英雄的故事联系在一起，代表着一种英雄主义的情怀。

表盘最中间象征“君王神剑”的分针每走完一圈是60分钟，分针走到整点位，对应的象征“将士剑”的时针就会瞬间弹射出来，走到了12点时，12根时针全部弹射到外围，当走到1点时，11根时针又会全数瞬间向中心收拢，仅留下1点位的时针。弹射到外端的时针数量代表当前时点，分钟的读取方式则与传统手表无异。

在2012年，我就初步提出了以放射形排布的十二指针弹射读时的构想。弹射读时是积能量于一瞬间迸发，就像我们每个人，虽然过着看似平淡无奇的日子，但平淡的每一天实际上都是在为某一瞬间的高光时刻储能，有一种厚积而薄发的感觉，以剑为载体做弹射运动，恰好能显现这样的感觉。

这是全球首创的读时方式，是第一次由中国人定义一种与瑞士传统手表完全不同的时间表达，给机芯和表盘的制作带来了极大的困难。机芯和表盘制作工艺极其复杂，当时国内没有厂家具备研制和生产能力，也挑战了瑞士最高端的制表工艺。给我配套的一间瑞士的厂家，它曾为诸多瑞士名表生产表盘，但面对我们这款弹射读时的表盘，任我一次一次地出高价，对方仍表示无法投产。后来我就只能整合机芯厂和表盘厂，经多轮反复试制，才完成了这款表盘的制作。“沐杨时计”品牌机芯（Jumping H hands）的研制，耗时五年，最终在飞亚达集团瑞士团队的协助下，将产品由概念转为实物。可以说，这只腕表从机芯的复杂程度、做工到材料都是对标瑞士的顶级奢侈品，与之没有丝毫差距。

飞亚达与我相互成就

飞亚达诞生于深圳这片热土，深圳给予了飞亚达展翅高飞的养分，飞亚达则给了我施展才能的一片天空，我对飞亚达和深圳充满了感恩之情。

每座城市都有独特的气质，有的城市休闲且安稳，有的城市节奏很快，而深圳给我的感觉则是活力四射，包容且开放。我是一个很喜欢折腾的人，“折腾”在我的词典里是个褒义词，它意味着有理想，并且有激情、有冲劲去实现理想，在这一点上，我和深圳特别合拍。从 1992 年来到深圳，到如今已有 28 载，但我感觉我的事业才启程不久，未来我将继续深耕，为手表界带来更多创新的作品。

口述时间

2019年10月30日下午

口述地点

福田区深业上城T2写字楼

口 ———————— 述 ———————— 者

管树华

Guan Shuhua

湖北武汉人，中共党员，研究生学历，资深保险从业人员和保险理论研究者。现任太平洋产险深圳分公司办公室主任、深圳保险学会理论委员会委员、《中国保险年鉴》深圳卷副主编。他1995年进入深圳保险业，通过理论研究和实践创新，为行业发展做出了积极贡献。

一转眼我在深圳保险业摸爬滚打了 20 多年，参与并见证了行业快速发展的过程。深圳的独特优势为保险业的发展提供了绝佳土壤和成长空间。从放弃稳定工作来深圳打拼，到找到人生定位和方向，再到在深圳实现自我价值，我的生命中已经深深烙上“深圳”印记，这里可以说是最接近我人生归宿的地方。

管树华：
我愿意默默坚守在深圳保险业

壹

刚来深圳时，从随处可见的火热建设景象中，可以直观地感受到这座城市的活力与生机。

毅然放弃稳定工作到深圳为梦想打拼

我儿时生活在一个相对动荡的年代，经历过饥寒交迫，也有过成长困惑。虽然人生有各种坎坷，但这些经历使自己渴望改变、敢于追梦。现在回想起来，那个时期的磨砺为自己后来的发展打下了坚实根基。1977 年恢复高考让很多人有了改变命运的机会，我也果断决定参加高考。当时四川攀枝花市大学的录取分数线是 167 分，而我考了 185 分。

虽然考试成绩通过了，但体检时医生说我心律不齐，后来就因为这个理由我没被录取，很遗憾地跟大学生活擦肩而过。可能当时太紧张导致心律不齐吧。之后我被单位推荐到攀钢钢研所，在科研实验室当助理人员，先后参与过重轨钢、石油套管钢、炮弹钢等许多关键钢种的研发，还有幸跟集体一起获得过科技部颁发的奖项。

1982 年，单位想培养我担任企业报纸的采编人员，决定让我在职报考四川广播电视大学进行专业学习。当时我在全市统一考试中成绩名列第一。脱产读完三年汉语言文学专科后，攀钢报社、攀枝花市艺术馆都有意让我过去工作。经过认真分析，为了我的创作特长，我选择到当年攀枝花市的《群众文化报》当编辑部主任。

之后三年，我主持并参与多项民间文学集成的采编工作，主编的《攀枝花民间故事选》还获得国家艺术科学重点研究项目——中国民间文学集成四川卷资料本评审一等奖。后来我还被选为四川省民间文艺家协会理事、攀枝花市青年联合会委员。

1992 年，当得知同为攀枝花市青联委员的著名眼科医生王晓泸、长江漂流勇士杨欣都决定南下深圳时，我也动心了。王晓泸后来成为深圳阳光医院的创始人，杨欣则是深圳赞助的三江源自然保护站的筹建者。在朋友的鼓励下，那年夏天我毅然决定放弃稳定工作到深圳为梦想打拼。

刚来深圳便与保险业有了接触

刚来深圳时，比较繁华的地段集中在上海宾馆附近。但从火热繁忙的建设景象和人头攒动的人才市场，能直观地感受到这座城市的活力与生机。

当年有本书叫《深圳的斯芬克斯之谜》，介绍了深圳经济特区从提出设想、奠基创业到初步繁荣的整个历史过程。认真研读后我真正被深圳的魅力深深吸引，更加坚定自己当初的选择。

记得到深圳不久，我找到一份跟商业策划相关的工作，入职考试的试题是让我做平安保险公司（以下简称“平安”）的企业形象策划。突然接触到一个叫做“CI（企业形象的视觉传达）策划”的概念，当时感到陌生和茫然。为完成任务，我立马恶补相关知识，按平安在《深圳特区报》上刊登的招标要求，为他们做企业视觉系统设计和企业文化塑造，拿出了理念、视觉形象的设计初稿。

虽然当时方案并没有中标，但从那时起，平安定期给我寄送他们的内部报刊。

这段特殊的经历，算是我最早跟保险行业结下的缘分。没想到往后岁月里的大多经历，都跟这个行业分不开。

贰

一转眼我在深圳保险业摸爬滚打了 20 多年，参与并见证了整个行业快速发展的过程，深圳的独特优势为保险业的发展提供了绝佳土壤和成长空间。

保险业要与时俱进顺应时代发展

我正式进入保险业的时间是 1995 年。那年我已经历过影视制作、广告策划、企业发展战略研究等工作的磨砺，包括参与拍摄《亚细亚之光》大型政论片，为大型企业做品牌、产品推广策划，受到政府表彰并得到相关企业信任。记得那年上半年我还在为中国太平洋保险（以下简称“太保”）做商业策划，下半年就被引进成为太保深圳分公司的品牌策划主管。

当时，保险并不被很多人接受，所以普及宣传就显得十分必要和重要。为开辟市场、赢得客户，我们做了很多创新和努力，明确既要有开发产品服务的硬实力，又要有宣传推广品牌的软实力。记得当时太保做过一个很有意思的尝试——为作家文稿版权拍卖设计保险。一些作家手写的稿件非常珍贵，但在拍卖过程中会发生丢失或者破损，太保分析风险后决定开创新险种。因为有保险做担保，对拍卖的成功举办有很大的促进作用，结果活动被宣传得很热，有的作品仅在策划阶段就拍出 100 多万元。

1999 年的时候，深圳要举办第一届中国国际高新技术成果交易会（高交会），但刚开始很多人不敢交易，因为新技术会有诸多风险，万一投资失败怎么办？为此，我们开发了一个险种，如果科技成果无法成功转换，我们会给予一定的赔偿。该险种推出后打消了很多人的疑虑，在一定程度上推动了高交会的顺利举办。如今的高交会，已成为深圳科技创新发展的知名品牌。

早年，深圳很多工薪阶层出行都骑自行车，我们及时为失窃率较高的自行车做专项承保，并做了风险防范的技术创新，让大家免去后顾之忧。到了汽车时代的起步阶段，因为车价较高、人们收入较低，而且信用体系未建立，汽车消费的金融风险较高。我们认准汽车消费时代很快会来临，保险应该为之护航，于是胆大心细地推出全国首创的险种——汽车按揭履约保证险。

从此分期付款购车顺利开展，汽车这个“奢侈品”终于得以顺利走进寻常百姓家。买车的人多了，车险也成为保险的第一大险种。可见保险一定要与时俱进、顺应时代发展。

制度改革创新拿下深圳市金融创新奖

2000 年到 2007 年可以说是公司发展的黄金时期。有很多人认为我们在这段时期成为市场第一是因为低价竞争，其实内在原因是我们做了很多具有历史意义、有预见性的改革创新。

2000 年的时候，保险产品的开发、核保、理赔都是按职能划分的，各自为政导致经营的最终责任和目的无法落实。为此，我们大刀阔斧进行事业部制改革，将重要产品从头到脚整合成一体经营，要求责任人对增长和效益全面负责到底。其次，过去理赔的查勘、估损、定损、核算等职能都是分开的，没有一个人对整个案件负责。我们就研究建立独立核赔人制度，每个“独立法官”要对各自案件全面负责到底，这样就能有效杜绝大量假案，提高理赔效率，也改善了服务品质。

此外，我们还有很多成功的实践。比如：为防止保险诈骗行为建立的独立调查人制度；通过跟保险公估人的合作，实现查勘效率、公信度和人力成本的动态平衡；通过产寿险交叉销售、相互代理，增加客户来源并提高员工收入和资源利用率；在深圳市场率先上线保险商务网站，把服务网点深入每个社区；开发家庭保险账户；等等。此外，我们还做过引进香港职业精英，推行阳光服务和绿色通道服务等积极的探索和尝试。上述很多举措，都是领先深圳市场乃至全国市场的首创之举。

当时创新不断的太保产险深圳分公司发展迅猛，市场份额持续稳健上升，一度成为市场领头羊，还拿下深圳市金融创新奖。事实证明，只有不断改革创新、努力在竞争中成长、紧跟时代步伐的企业才能赢得胜利和未来。

参与并见证深圳保险业飞速发展

一转眼我在深圳保险业摸爬滚打了 20 多年，参与并见证了整个行业快速发展的过程。

有一组官方公布的数据很能说明问题：1980 年深圳市保险业开办的险种只有两个，保费收入 28 万元，赔付金额 1 万元。我刚来深圳的 1992 年，深圳保险业包含寿险（不含民安）开办的险种是 80 个，保费收入为 9.8 亿元，赔付金额为 3.4 亿元。而到了 2018 年年底，深圳共有保险法人机构 27 家，保险分公司 76 家，专业保险中介机构 130 家，保险公司法人机构资产总额达到 4.44 万亿元，继续位居全国第二。

总体来说，深圳保险业的发展演变，本质上是一个改革创新、大胆突破、积极竞争、不断进取、服务社会、与时俱进的过程。作为一个亲历者，我认为深圳保险业的飞速发展离不开深圳的几个独特优势。

首先，开放的基因使深圳具有更宽广的视野，接受新事物的能力更强。其次，创新的激情为深圳保险业注入活力。此外，深圳在保险、金融综合经营方面占有一定优势，而且信息、人才和资金的流动性更好一些。这些都为深圳保险业的发展提供了绝佳土壤和成长空间。

深圳作为创新之都，其保险业无论体量还是质量都走在全国前列。根据《粤港澳大湾区发展规划纲要》的部署，支持深圳建设“保险创新发展试验区”，可以预期深圳保险业将再度走在全国金融创新先行先试的前沿。这是一个让每位从业者感到自豪和兴奋的时代。

我的生命中已经深深烙上“深圳”印记，这里可以说是最接近我人生归宿的地方。

为深圳保险业做些力所能及的事

我曾被抽调到同业公会协助进行深圳保险志的编写工作，从中了解到更多深圳保险业的发展脉络，我也曾策划全国首个保险电视专栏节目《保险宣传周》。在学习成长的过程中，我坚信历史是勇敢者、睿智者和有使命、有梦想的人创造的，许多行业的“真心英雄”推动着深圳保险业创造金融业发展史上的奇迹。

工作之余，我坚持在自己的微信公众号“树华观察”，发表对保险业发展的分析研究文章，前后超过 60 万字的原创文章凝聚了我在这个行业倾注的心血。《我看深圳保险业改革开放创新发展的四十年》等文，多次在深圳金融学会举办的征文比赛中获奖。

我热爱这个行业，希望尽自己所能，继续为深圳保险业做些力所能及的事，为这座我深爱着的城市贡献一份力量。

深圳是最接近我人生归宿的地方

深圳是一座激发人创作灵感、催人不断上进的城市。

为不断提升自己，我充分利用业余时间积极充电，在湖南财经学院金融专业在职研究生班毕业后，还完成清华大学经管学院工商管理在职硕士班课程的进修。在深圳，只有通过学习不断提升自己，才能始终保持竞争力，才能跟上时代步伐。

深圳无时无刻不在变化，我却 20 多年不变地做着同一份工作，但我愿意默默坚守在保险业，既见证、参与、预见行业发展，也研究、考证、记录行业历史。从来深圳打拼，到找到人生定位和方向，再到在深圳实现自我价值，我的生命中已经深深烙上“深圳”印记，这里可以说是最接近我人生归宿的地方。

口述时间

2019年3月3日上午

口述地点

深圳雕塑院

口——述——者

孙振华

Sun Zhenhua

1956年11月出生于湖北荆州，先后在文学、美学、美术史专业学习，获中国美术学院博士学位，国家一级美术师。曾任深圳雕塑院院长，现任中国雕塑学会副会长兼秘书长，深圳市文艺评论家协会主席，中国美术学院雕塑系教授、博士生导师，四川美术学院特聘教授。曾获国家级教学成果二等奖、文化部优秀教材二等奖、深圳大鹏文艺奖。

深圳这座城市倡导将理论、学术跟具体的社会实践结合起来，所以来深圳对我的人生最大的改变就是，在学者之外，我同时也是一个实践者，从纯理论研究转向同时进行公共艺术的实践。许多年来，我甚感欣慰的是：深圳这座城市为我提供了一个新的舞台，我也为深圳尽了一份力量。

孙振华：
用公共艺术留下深圳精神史

壹

如果当时继续留在学校教书，就像看电视剧，提前把结局都看到了，里边的人再怎么演都是那个结局，所以看着看着就没了激情。

意外与雕塑结缘

在江汉平原上，有一座历史文化名城——荆州，我就在那里出生长大。我的母亲出身于一个书香世家，1949 年之前就从师范学校毕业，我与我的姐姐和妹妹得到了母亲非常细致的照顾和教育。虽然当时生活条件不能和现在相比，但家庭氛围比较自由，崇尚文学，父母出差带回来的礼物就是书，这使我养成了一种比较理想主义、不被现实功利所左右的人生态度。

后来，我进入华中师范学院（现为华中师范大学）中文系学习。记得在 1980 年左右，我第一次从电视上听说我国要招收博士研究生，当时我就跟父母说，我这辈子一定要读个博士，但我没有想到的是，后来会专门和雕塑打交道。

从中文系毕业后，我留校任教，在文艺理论教研室担任助教，之后考取本系文艺美学专业硕士研究生，继续深造。1985 年 10 月，我无意中看到了浙江美术学院（现为中国美术学院）招收中国雕塑史专业博士研究生的简章。其实当时我对这个专业完全没有了解，相关的专业资料也非常少，但是简章里提到这个新的学科最重要的工作就是做实地考察，考察历史废墟。

这一点非常符合那时候年轻人想到处跑、到处看的浪漫冲动，让当时一直在书斋里打转的我很受触动，似是一种废墟的诱惑和荒原的呼唤，于是我就报了名。当时美院有学这个专业的人都没有考上，我竟一下子考上了。

博士毕业后，我留在浙江美术学院，在刚成立不久的美术史论系任教。

被满地都是理想与机会的深圳所吸引

1992 年，深圳开始做城市雕塑规划，我因此被借调到深圳，也因此改变了人生走向。

那是我第一次踏足深圳，在借调的三个月中，我真正感受到了这个被时代选中的城市：没有条条框框，只有满地的理想与机会，英雄不问出处，每个人都在寻找自己的位置与梦想。

那时我就想，如果继续留在学校教书，其实我从我的导师身上就能提前看到自己的归宿。我的导师当时已经 80 多岁了，可以说把自己的一生献给了教育和学术研究，最后变成学校里的一个老前辈。他虽然满腹学问，受人尊重，但是，这中规中矩的生活就像看电视剧，提前把结局都看到了，里边的人再怎么演都是那个结局，所以看着看着就没了激情。我想体验一种新的生活，我希望自己的人生有更多的可能性。

而深圳则不太强调让一个人局限在书斋，我可以将自己的所学与具体的社会实践、城市的新需求产生关联。

回到杭州之后，我就要求调来深圳。

浙江美术学院历史悠久，地处西子湖畔，是中国最好的美院之一。听到我要走的消息，学校里很多人都不理解。几年之后，有些老师碰到我甚至还有同情之意。尽管如此，我的决心不改。1993 年 10 月，我如愿调入深圳雕塑院。到深圳前两年，很多人还在担心我能否适应深圳，但至今我从未后悔做出这个决定。

贰

深圳是一个新的移民城市，我们面向市民，留下了一些有关这个城市生活的故事和记忆。这些故事在当时看起来也许极其普通，但随着岁月的流逝，它们显示出了独特的魅力。

推动城市雕塑向公共艺术转型

初到深圳雕塑院时，我主要还是负责跟文案相关的工作，并参与了深圳市城市雕塑总体规划和《深圳经济特区城市雕塑管理规定》的制定工作。当时，我在整理过去的老档案时，在里面发现了一份用老打字机打印出来的资料，叫"深圳市城市雕塑规划"，是《孺子牛》的作者潘鹤先生留下的。

资料中有一段写了在大梅沙海边，有块礁石形如一头狮子，稍作修改或可成为一件作品。

我当时就觉得尽管深圳早期条件有限，人们对城市规模的设想也很有限，但是拓荒者们的视野却并没有被局限，深圳的城市雕塑建设在全国是领先的。

正如早在 1981 年，深圳经济特区建立不久，深圳就率先成立了"深圳城市雕塑办公室"。而"全国城市雕塑规划组"则是在中国雕塑界元老刘开渠等人的建议下，于 1982 年成立。这正说明了深圳老一辈人开拓创新的意识和前瞻性的眼光。

1998 年，我接任深圳雕塑院院长一职，因我本身并不以实践为主，所以当时我就考虑如何将雕塑在一个城市的实现与雕塑自身的发展文脉以及学术创新结合起来。同时，我们意识到"城市雕塑"这个概念有局限性，而深圳是一个与公共艺术概念非常吻合的城市。

从很早开始，深圳人就对参与公众事务表现出了极大的热情。许多人对个体与城市的关系，对这座新兴城市的建设发展都有着非常深入的思考，也致力于推动深圳本土文化的建设。"我们来到深圳，就是这座城市的主人，我们要打造一个属于我们自己的城市。"对此，我深有感触。

所以，不管是从学术上还是艺术上，我们认为对于深圳这样充满了创新意识的都市，公共艺术应该是最好的突破点，于是我们就开始致力于向公共艺术的转型。

后来，就有了《深圳人的一天》。

以市民为主角，用雕塑讲述城市故事

1998 年，深圳有关部门决定将城市的 14 块公共空间改造成街心花园，其中包括园岭社区。这个契机成为《深圳人的一天》策划的起点。

那时，即将迎来深圳经济特区建立 20 周年，我们和加拿大海归建筑师杨建觉博士决定用一种全新的雕塑观念，将园岭社区建成一个小型的纪念公园。

过去的城市规划和设计通常都是规划师和设计师给社区居民什么，他们就接受什么。这一次，我们决定让市民来告诉我们，他们想要什么。

在征求了近百名社区居民意见和经历了三天的头脑风暴后，《深圳人的一天》的大致框架就基本定下了。

同时，我们还确定了几点：一是摒弃过去宏大叙事的基调，以城市的普通市民为主角；二是强调纪实风格，源于生活，也忠于生活，就如同化石，凝固历史当下的一刻，颇有点自然主义的做法；三是随机性和偶然性，不选特定日子，不刻意不强求。

当时，我的办公桌上有一个旧式台历，我闭着眼睛随手翻了一页，翻到了 1999 年 11 月 29 日，那天就成了《深圳人的一天》的初始日。我想，每一个人在这座城市生活，不管好的一天或者不好的一天，都要接受，这就是生活。

因为要随机找 18 个市民，我认为记者会比我们更有办法，于是找到了《深圳晚报》的记者一起合作实现这个项目。

1999 年 11 月 29 日清晨 6 点，我们从当时位于园岭新村的雕塑院办公室出发，兵分三路寻找市民。不能刻意挑人，在 18 个类型中，就找首先遇到的那一个，如果不同意，才找下一个。

那天的寻访本身就是一个行为艺术的过程，寻找 18 个不同类别的人，就是寻找 18 个曲折有趣的故事。遗憾的是，我们当时没有用录像机将全过程记录下来。

将《深圳晚报》版面刻在浮雕墙上

18 个人中有学生、晨练的老人，有保险推销员、股民……都是深圳最常见的人。后来在制作雕塑的时候，完全是按照他们当天真实的动作和衣饰，采用翻制法，制作出与真人等大的青铜塑像，并将他们的真实姓名、籍贯和工作单位等镌刻在各自的塑像旁边。

衣服、自行车翻制完，基本就毁了，我们照价赔偿。记得当时那个股民，身上的衣服好几千元，直接捐给了我们，没要赔偿。

围绕雕塑的背景墙部分，我们提出了一个数字深圳的想法，将 1999 年 11 月 29 日当天深圳的各种数据记录在背景墙上，如当天的天气、菜价、影讯、股票行情、甲 A 战报等。许多年以后，大家可能会去回想那一天的深圳人生活的点点滴滴，非常有意思。

为了回馈《深圳晚报》的付出，我们也把 1999 年 11 月 29 日《深圳晚报》的头版和最后一版，用影雕的方式镌刻在浮雕墙上。斜竖的浮雕主墙上，是我想出来的几行大字："1999 年 11 月 29 日 / 深圳人的一天 / 平凡的日子 / 普通的人 / 石头的历史 / 城市的故事。"

2000 年 6 月，《深圳人的一天》正式落成。作品一经推出，立即就在社会上引起了很大的关注。深圳是一个新的移民城市，我们面向市民，留下了一些有关这个城市生活的故事和记忆。这些故事在当时看起来也许极其普通，但随着岁月的流逝，它们就显示出了独特的魅力。

2004 年，《深圳人的一天》获建设部、文化部十年一度的"全国城市雕塑优秀作品特等奖"；2009 年，又获得了建设部"新中国六十年 100 件优秀雕塑"的殊荣。

同时，《深圳人的一天》还被业界公认为国内第一个真正意义上的公共艺术作品。自此，深圳逐渐告别城市雕塑模式，开启了真正的公共艺术新模式。

叁

每一个不管外来的还是深圳本土的艺术家，都在与深圳的互动之中，客观地记录了城市的精神史。

留下深圳精神史

每一个不管外来的还是深圳本土的艺术家，都在与深圳的互动之中，客观地记录了城市的精神史。

改革开放初期，深圳早期开拓者在荒土上建造出新的城市，便用《孺子牛》铜雕来表达他们的志向和抱负。到了 20 世纪 80 年代后期到 90 年代早期，深圳高速建设的奇迹，让深圳涌现了一批以神话为题材的雕塑，如南山区海王大厦的《海神波塞冬》，直接穿楼而过，还有华侨城的《后羿射日》等。

后来，经济进入稳步发展阶段，深圳开始慢慢沉淀，深圳市民对公共交往的需求逐渐显现，公共艺术开始走进大众生活。除了《深圳人的一天》，还有华侨城的《都市风景线》，反映的都是都市人的平常生活。

到了 2000 年前后，深圳进一步与国际接轨，深圳街头开始出现很多国外雕塑大家的作品，深圳的雕塑作品也送到国外进行艺术交流。

其实，并没有人专门有意识地说我们要为深圳这样做。这是这座城市发展的逻辑、发展的轨迹，或自觉、或不自觉地用石头、金属一步一步地凝固它的精神世界。

真正的艺术品不再是纯粹点缀环境，而是能够走进人的内心，和他们的历史长久地发生关系，和他们永远在一起。

在公共艺术的道路上继续创新

在国内公共艺术领域，深圳开创了五个第一：2000 年 6 月，《深圳人的一天》正式落成，这是业界公认的国内第一个真正意义上的公共艺术作品；2003 年，我出版了一本《公共艺术时代》，这是国内第一批公共艺术的专著之一；2004 年，深圳雕塑院率先在全国制定了第一个公共艺术总体规划；2004 年，银湖宾馆举办了国内第一个“公共艺术在中国”的学术论坛并出版了文集；2009 年 3 月，“深圳市公共艺术中心”在深圳市雕塑院挂牌成立，这是全国第一个公共艺术事业机构，传达出一个城市文化转型的信号，是深圳公共艺术发展史上又一件具有里程碑意义的事件。

创新是深圳的基因，我也一直试图在做一些创新的事情。现在，深圳的城市空间相对饱和，在高大的建筑之中放置一两个雕塑已经无法有明显的艺术效果。

2018 年，深圳灯光秀开展得如火如荼，我在参加一个灯光论坛时，发言的题目就是“在公共艺术视野下的灯光艺术”。现在利用高新科技材料和手段做艺术的多了起来，高新科技也可以与艺术相结合。

越来越多的人生活在深圳，我认为深圳更应保有一份人文关怀、艺术氛围，让深圳更有魅力。

面对日新月异的时代，我也常反思自己，如此，我们才能保持相应的敏锐，拓宽边界，在未来与深圳一起找到更多的可能性。

口述时间

2019 年 6 月 6 日上午

口述地点

深圳协孚能源有限公司

口 —————— 述 —————— 者

刘 鹏

Liu Peng

1972年5月出生于湖北十堰，武汉大学工学学士、上海财经大学和韦伯斯特大学工商管理硕士。现任深圳市南山区第七届人大代表，深圳协孚供油有限公司首席产权代表、董事、常务副总经理，深圳能源集团股份有限公司国际能源大厦建设管理分公司策划经营部经理。

深圳是改革开放的最前沿，无数年轻人梦想着在这里挥洒青春热血。我希望通过自己的努力，在深圳追寻梦想。深圳无时无刻不在变化，只有持续学习、大胆尝试锻造出更强的自己才能跟上步伐。我在这里已经工作、生活了超过 25 年，将最美好的青春年华，无怨无悔地奉献给了深圳。很庆幸自己能够跟这座充满活力、不断进步的城市共同成长。

刘 鹏：
将最美好的青春年华奉献给深圳

壹

我们刚来深圳入职时特别兴奋，大家都是冲劲十足，每天不知疲倦地奔忙，想要在这座年轻的城市大干一场，在这块热土建设美丽特区。

想到深圳参与建设美丽特区

我出生在湖北十堰，那里是著名的汽车城。父母年轻时响应国家号召，到第二汽车制造厂工作，所以我儿时求学的大部分经历都在湖北十堰。

11 岁那年，我考入当地的省重点中学——二汽一中，在那度过 6 年的中学生活。1989 年，我参加高考并顺利考过一本重点线。可能受父母影响，我从小对工科比较感兴趣，很自然地选择就读武汉水利电力大学（后合并入武汉大学）建筑工程系。当时这所大学是能源部属院校，我的专业方向是工业与民用建筑。

在湖北待的时间长了，就总想着到外面的世界看看。大学实习时，我人生中第一次离开湖北，来到广东、海南等祖国更南边的地方。我对海边的城市产生了一种莫名的好感，那时就考虑过以后要在海边的城市工作、生活。

1993 年大学毕业分配的时候，大家都在纠结未来的发展方向。如果我们留在湖北，可以进入本省最好的电力设计院工作。而如果去其他地方闯荡，意味着要迎接未知的挑战。那时刚好深圳的能源总公司来学校招人，因为内心热爱海边城市，想独自去外面闯一闯，我毫不犹豫地报名了。深圳是改革开放的最前沿，无数年轻人梦想着去那里挥洒青春热血，我希望像父母那辈建设十堰一样，去深圳参与建设美丽经济特区。

带着一股冲劲进入工作状态

1993 年 8 月，我直接从学校到深圳市妈湾发电厂（现为深圳市妈湾发电有限公司）上班，从基层技术员做起。当时妈湾发电厂一期工程已经完成，马上要正式投入运营，需要大量工作人员。那两年有 380 多名应届毕业生，怀揣着梦想从全国各地来到深圳，投身到妈湾发电厂的建设中，我也是其中普通的一员。当时的深圳就是一块创业热土。

从当时看，妈湾发电厂的位置还是很偏僻的，在南头半岛西南端，东面靠着小南山。我们从罗湖火车站下来后，又坐车差不多两个小时才到达妈湾发电厂，途中有很多泥土路。那时深南大道还没完全修好，整个城市随处可见热火朝天的建设场面。

那个时期，深圳各项城市建设都在紧张进行中，电力也处于比较紧缺的状态，妈湾发电厂则承担着为特区建设提供充足电力的重要使命。这是中国首个海边电厂，从开工建设到建成仅花费了 18 个月，当时创造了电厂建设的最快速度。我们刚入职时特别兴奋，大家都是冲劲十足，每天不知疲倦地奔忙，想要在这座年轻的城市大干一场。在这种氛围的鼓舞下，我也很快进入了工作状态。

当时妈湾发电厂建设方不停地向我们移交相关建筑物和设备设施，我们就要跟进负责后续管理和运营工作，尽最大能力保障妈湾发电厂稳定、高效、安全运转。我在妈湾发电厂得到了很多历练，既负责过基建业务和修缮工作，也参与过妈湾发电厂钢结构和厂区管线建设。

贰

我有颗“不安分”的心，总喜欢追求变化、寻求难度更高的挑战。虽然会遇到很多困难，但只要坚持下来，就能让自己继续成长、升级蜕变。

主动追求新的变化和挑战

因为妈湾发电厂的工作相对比较安逸和枯燥，缺乏一定的挑战性，所以在妈湾发电厂工作了 3 年左右，我就想要离开那里。我当时希望能追求更多变化，去尝试一些新的挑战。正好 1995 年能源集团要在福田保税区开发建设保税仓库，我就主动申请参与这个新项目的建设。

1996 年 11 月，我正式到深圳市能源保税仓有限公司（现为深圳市能源物流有限公司）工作。这是能源集团在福田保税区投资建设的物流仓库，是为了满足香港和深圳在物流方面日益增长的需求。我参与了整个项目的开发建设工作，从前期设计、招投标到具体施工、造价控制、进度控制，再到质量监督、安全管理、项目建成，见证了物流仓库从无到有的整个过程。

我在妈湾发电厂只是负责后续管理和运营，而物流仓库则让自己有机会发挥专业优势，亲手打造一个建筑，这是完全不一样的感觉。那时每天都处于非常亢奋的工作状态，可以做到几天几夜都住在项目现场，就想着尽快看到自己参与的作品完美地呈现出来。除了要发挥专业才能，还要做项目预算、走报批报建流程、参与项目管理、协调各个施工单位，方方面面的工作都要涉及，在这个过程中，我得到了极大的锻炼。

现在回想起来很有成就感。看着自己参与设计的建筑，在一片空地上慢慢“长大”、建成，内心觉得特别骄傲，努力拼搏付出的汗水很值得。那几年我在实践中学到很多东西，从主要跟建筑打交道，到同时要跟人打交道，视野变得更加开阔，为以后的发展奠定了重要基础。

把自己训练成全能战士

物流仓库建成并平稳运行后，很快我又迎来了新的挑战。

当时能源集团计划搬迁到新的总部大楼，领导找我谈话，希望我到为总部大楼提供物业管理服务的公司工作，担任董事和副总经理。那时深圳写字楼的物业管理还是新事物，我对这方面不太熟悉，而且之前只有项目管理经验，还没有尝试过企业管理。对于这个巨大转变，我心里一直在打鼓，不确定能否做好这份工作。

虽然能够预见会有很多困难，但内心还是很愿意接受这个变化，期待全新的挑战让自己继续成长。1999 年 3 月，我在深圳市华能大厦物业管理有限公司（现为深圳市国能物业管理有限公司）开启了新的旅程。从办理营业执照、设置公司机构、制定工资标准，到协助制订公司经营计划、管理多个部门、负责工会工作和文化建设，我都全面参与。我把自己训练成了全能战士，当时最大的体会是：负责的工作越多，越感觉自己的知识不够用。

工作遇到瓶颈怎么办呢？那就去读书。这也是深圳的一大特色，总有一种催人上进的魔力，知识不够就主动去学。现在一般人买书可能是到书店逛逛，粗略看看然后选几本买回来。那个时候不是这样，我们都是带着小推车去书城，然后买一大堆书拉回家慢慢研究。为了系统地学习企业管理，我又攻读了上海财经大学和韦伯斯特大学（中美合作办学项目）的工商管理硕士(MBA)。深圳全民学习的热情很高涨，因为只有持续学习，你才有底气应对不断变化、更新的环境。

叁

我愿意把最美好的青春年华，无怨无悔地奉献给深圳，这里就是我的"梦想之城"，很庆幸自己能够跟这座充满活力、不断进步的城市共同成长。

回归能源主战场和核心主业

我的职业经历就像玩通关游戏一样，敢于接受未知的挑战，战胜它然后转身离开，迎接下一个挑战，在闯关的过程中自己也在不断升级。在物业管理公司工作 6 年左右，同期一起来集团的很多大学生都有了新的发展方向，有的出国留学深造，有的自己出去创业，我也在认真考虑自己未来的路。但后来的一个契机，让我坚定地选择留下来。

2005 年，我有机会进入深圳协孚供油有限公司工作。这家公司由深圳能源集团股份有限公司、深圳南山热电股份有限公司、深圳市广聚能源股份有限公司 3 家能源上市公司共同成立。对于我来说，又将进入一个全新的领域，但是能回归能源主战场和核心主业，我决定再次迎接挑战。

刚到协孚工作时，正好遇到国际油价不断上涨，燃油电厂的原料成本随之大幅上升。当时深圳还会出现短期电力供应不足的情况，原本作为调峰电厂的燃油电厂，有时会作为主力电厂来使用。我们当时的任务是在保障安全的情况下，降低原材料的采购成本，并持续为电厂供应燃油，满足深圳不断增长的用电需求。

我在公司担任首席产权代表、董事、常务副总经理，主要负责日常经营管理和油品贸易业务。为了更有效地降低成本，我们前期先进行市场调研，那时候几乎跑遍了全国各大电厂、油库和码头，只有充分了解市场才能找到突破口。拿到一手调研数据后，就开始研究油价的定价机制，改变以前传统的随行就市买油的方式。比如，我们在计算后认为下个月的油价会更低，就会将当前的计价转到下个月，用更优惠的价格来结算，从而节约成本。

当时很多工作都需要海关、商检等部门配合完成。让我印象很深刻的是，他们完全是服务于企业，只要我们提出合理的需求，他们都会尽力给予帮助。商检是要在油船上进行的，无论刮风下雨，商检工作人员都跟我们一起坐着小船出发，到一线配合我们的工作。除了协调各个单位，想办法节约成本，我们还积极寻找新的替代油源，不断缓解电厂的用油压力。

我们公司的协孚油库曾经是深圳最大的油库，我记得高峰时每年进口经营的燃料油超过 150 万吨，在全国可以排在前三名。协孚油库为电厂提供充足的原料供应，为特区建设立下了汗马功劳。

再次接受挑战进入全新领域

在协孚工作期间，燃气发电等方式逐渐成为主流，燃油发电的需求慢慢减少，可以说协孚在特殊历史时期完成了它的重要使命。2013 年，集团正在筹建新的总部大楼——深圳能源大厦，希望我到深圳能源集团股份有限公司国际能源大厦建设管理分公司任职。一纸调令下来后，我又迎来了全新的挑战。

这座大厦是深圳的地标建筑，也是网红建筑，它的设计还高度契合深圳能源集团“责任引航、绿色发展”的发展理念。2019年，世界高层建筑与都市人居学会（CTBUH）还授予深圳能源大厦“2019年杰出建筑奖”(200~299米)、“2019年最佳高层建筑奖”(200~299米)两项大奖。

我在公司的策划经营部工作，前期要研究并制定总部大厦的商业运作策略，之后跟进处理相关报批报建手续，建成后负责大楼租赁和招商部分。就这样，我又进入写字楼租赁和大厦资产管理这个全新领域。

我这个人比较容易专注在一件事上，新工作遇到不懂的地方，我就想尽办法弄清楚，全力做好手头的事儿，不断在工作中学习、在实践中成长。

深圳就是我的“梦想之城”

很多人说我名字中有个“鹏”字，跟鹏城深圳有些缘分。确实，选择来深圳发展是我人生中最正确的决定。回想自己在这里20多年的奋斗经历，真的感慨万千。

父母把他们的青春献给十堰，用毕生精力打造汽车城，而深圳就是我的“梦想之城”。我愿意把最美好的青春年华，无怨无悔地奉献给深圳，同时也很庆幸自己能够跟这座充满活力、不断进步的城市共同成长。

我能够在工作中见证深圳的发展，为深圳建设添砖加瓦，感觉挺骄傲和自豪。深圳总有一种催人上进的魔力，感觉一刻不努力就会被甩在身后，只有通过持续学习、大胆尝试才能锻造出更强的自己，从而跟上步伐。未来，我要继续把自己的岗位工作做好，尽最大的努力为建设美好深圳出一份力，这里是值得我为之奋斗一生的地方。

口述时间
2019 年 7 月 26 日下午
口述地点
亿和（石岩）科技工业园

口 ———————— 述 ———————— 者

张耀华

Zhang Yaohua

1972 年出生于广东宝安，本科学历。现任深圳市政协第六届委员会委员、亿和控股执行董事兼汽车集团总裁、深圳市亿和精密科技集团有限公司董事长、粤港澳先进制造业产业联盟主席、深圳市机械行业协会执行会长。2004 年被评为“深圳市机械行业杰出人物”，2006 年被评为“中国名优数据库优秀企业家”，2011 年被评为“深商风云人物”，2013 年被评为“深圳市新生代创业风云人物”，2017 年被评为“深圳百名行业领军人物”。

改革开放以来，深圳发生了翻天覆地的变化，创造出让人难以置信的奇迹。很庆幸自己身处这个飞速发展的伟大时代。我在深圳制造业摸爬滚打超过 25 年，参与并见证深圳制造业不断锐意改革、开拓创新、转型升级的发展过程。未来仍将初心不改、奋勇向前，继续尽自己所能为深圳乃至全国制造业贡献力量。

张耀华：
亲历深圳制造业的精彩蝶变

壹

1993 年我 21 岁，在很多人绞尽脑汁要找个“铁饭碗”，或忙于其他“赚快钱”的行业时，我认真考虑后决定扎根制造业，踌躇满志要开创一番事业。

意外发现商机，说干就干

我是土生土长的宝安本地人，小学和中学分别毕业于南山小学和南头中学。我记得 20 世纪 90 年代初，以生产办公自动化设备闻名的外资企业、港澳台资企业，开始陆续把生产线搬到深圳。当时我家里有一些农民房用于出租，不少这类企业的高管或来深圳考察市场的人员就住在出租房里。

有一次我跟一位来自台湾的租户聊天，他是任职于日企的高级工程师，来深圳了解市场环境。他告诉我，日本 OA（办公自动化设备）企业理光在深圳设厂后，美能达、东芝、佳能等企业将陆续进入珠三角，会催生一批五金及模具制造企业，如果把握时机给这些企业做配套模具一定很有赚头。

虽然对这个行业不太了解，但我意识到里面蕴藏着巨大的商机。说干就干，我拿出在学生时代积攒下来的 10 多万元，再加上家人的支持一共凑了 40 万元，准备和这位台湾同胞一起合作办厂，双方各占股50%。

1993年，我们向南山西丽村委租了一个300多平方米的厂房，雇用10多个人从事简单的五金来料加工，并将工厂取名为亿和模具厂。那年我21岁，在很多人绞尽脑汁要找个“铁饭碗”，或忙于其他“赚快钱”的行业时，认真考虑后我决定扎根制造业，踌躇满志要开创一番事业。

公司头两年一直在亏损

我们创业初期并没有想象的那么顺利。

因为当时很多OA企业的配套企业，也跟随客户来到中国，市场竞争环境很激烈。亿和只是刚成立的小公司，不但没有名气，而且设备档次低，更不具备生产高精度模具的能力，只能从配套企业手中拿到二手甚至三手的订单做代工。不仅如此，我们在做低端模具的同时，还要负责模具的维修，经常是今天赚到的钱还不够支付明天的维修费。

由于没有核心竞争力，亿和成立前两年一直处于亏损状态。当时严重到什么程度呢？我们连金额并不多的厂租都交不起，足足拖欠了半年租金，有段时间厂房还差点被房东上锁。大家都很苦恼，希望找到新的发展突破口。那时候我最大的梦想是，有一天亿和不再跟在别人身后捡饭吃。

一次偶然的机会，客户的一番话让我找到了灵感。他说：“模具是‘印钞机’，配套零部件产品是印出来的‘钞票’，你们有‘印钞机’为何不印‘钞票’呢？”这让我意识到，虽然模具是产品之母，但单一做模具不可能让企业迅速壮大，生产配套零部件才是出路。我们迅速转变思路，亿和很快就有了起色，而资金刚刚开始宽裕时，我又毫不犹豫地购置一批先进设备，继续提高生产水平。

产品获世界500强企业青睐

调整企业发展策略后，我们又遇到如何争取高质量客户的难题。1994年年底，得知日本美能达在中国香港的子公司，将开始选择非日本企业作为配套商时，我们第一时间赶到香港，希望能够拿下这个订单。谈判过程非常困难，费尽九牛二虎之力争取下来后，我们却发现这是一笔几乎没有利润的订单，而且生产过程中还要被客户全程跟踪。

但综合考虑之后，我认为这个订单值得争取。因为这不仅是进入该行业世界500强企业一级供应商体系的机会，而且通过客户全程跟踪，能够帮助亿和快速建立起规范的生产及品控体系。

最终，亿和产品的品质、价格和交货速度都得到美能达的认可，经过一段时期的商业信用考察，我们终于成为美能达指定的配套企业。与此同时，其他很多顶尖OA企业也陆续成为亿和的客户。

就这样，我们在实际生产中优化设备、提高技术，在为客户服务过程中积累经验。不懈努力得到了回报，我们得到越来越多世界500强企业的青睐，逐步结束以赚取微薄加工服务费为主的单一模具生产模式，从而化被动为主动。

贰

内忧外患让我从百万富翁变成百万“负翁”，被晾在商海的“沙滩”上。但凭着一股永不放弃的劲头，我们不仅成功摆脱危机，还拉开了亿和产业布局、转型升级的序幕。

企业再次遇到重大危机

找准企业定位和发展方向后，亿和像“滚雪球”一样进行原始资本的积累。1996年，亿和模具厂的员工发展到400多人，年产值将近1000万。

然而，商海浪潮，往往风高浪急。

在前景一片大好的时候，我和合作伙伴在经营理念上发生分歧，没办法再继续合作。为了保住公司，我四处找亲戚朋友借债，最终全数买下另外50%的股份。

在动荡的过程中，亿和很多市场与研发骨干开始流失，员工从 400 多人到剩下不足 100 人。更惨的是，我们还欠了供应商几百万元的货款。内忧外患让我一下从百万富翁变成百万“负翁”，被晾在商海的“沙滩”上。

度过危机后拥有更大梦想

虽然情况很危急，但绝对不能轻易放弃！全盘接手亿和后，我们认真分析并决定立即着手解决三大问题。首先要处理欠供应商的几百万元外债，我亲自上门跟供应商解释，请求他们宽限时间。因为在之前的合作中，亿和一直很讲诚信，很多供应商答应可以分期付款。我也遵守承诺，在两年内还清了所有欠款。

然后，我们又大刀阔斧地砍掉多余的业务，只专注办公自动化设备零配件的生产，通过纵向深耕细作，让亿和从多元化走向专业化。我们开始专注高端精密模具技术、激光焊接技术的研发和应用，逐步明确为世界 500 强办公设备企业，提供全方位一站式服务的发展方向。

解决债务危机、明确转型方向后，还要想办法稳定人心。我们把留下来的近百名员工集中在一起，把企业遇到的难处如实地告诉大家。我坦诚地跟他们讲，愿意留下来就是对企业和我个人的认可，但要跟公司一起共渡难关。如果考虑过后选择离开我们也表示理解，该发的工资分文不会少。

在公司举债的情况下，任何的承诺都是空白的。只有绝对的信任，这些员工才肯跟着我这个几近破产的老板。直到现在，当初近百名员工中还有 20% 左右留在亿和，其中 7 人在集团中担任了经理以上的高管职位，成为企业的骨干。

就这样，在大家的共同努力下，亿和再次成功渡过危机。在那之后不久，我的亲兄弟也加入亿和跟我一起创业，在三兄弟的共同掌舵下，亿和逐渐驶入发展的快车道。

随着盈利逐渐增多、资本不断积累、市场需求演变，亿和拥有了更大的使命和梦想，希望提高核心竞争力升级为高新技术企业。从此，亿和拉开了产业布局、转型升级的序幕。

创业容易守业难，对于制造业来说更是如此，只有主动求变、积极转型，制造业才能跟上时代发展的步伐。

打造稳定的生产制造基地

对于制造业来说，要想长久坚守，必须有稳定的生产制造基地。为此，我们在宝安石岩购得100亩土地用于厂房建设，2002年，亿和首个自有生产基地落成投产，并成立一家金属公司。这是我们第一个稳固的大本营，从那以后，亿和在宝安扎下了根，同年公司全年销售额正式突破一个亿！

在公司稳步发展的时候，我们一直在思考企业如何可持续发展，如何避免不可预测的风险，如何做到基业长青。通过研究，我们决定遵循“群策群力、共创辉煌、利益共享、责任共担”的理念。不久后，亿和开始拓展其他业务领域，成立了一家塑胶公司。

公司上市实现华丽转身

2005年，亿和迎来历史性转变。

那年5月11日，拥有一个工业园和两家子公司的亿和，在香港联交所主板成功上市，完成从“亿和”到“亿和控股”的华丽转身，从此迈开生产经营、资本运营相结合的步伐，揭开亿和发展史上的新篇章。

我记得从决定上市到最终成功仅用了一年多的时间，让很多同行感到非常诧异。当年大概有80家企业一起申请上市，但大多数都没通过审核。亿和则凭借简单清晰的股权结构、科学规范的企业管理、真实完整的客户名录达到上市要求。

上市之后，我们逐步拥有了丰富的融资渠道、科学的管理体系、规范的财务体系，很多行业优秀人才开始在这里汇聚，不断增强我们的技术和研发实力，亿和开始实现跨越式发展。

借助资本力量和内在实力，我们不断开疆拓土，以几乎每年新建一个工业园的速度努力向前。现在我们拥有11个配套完善的工业园，占地面积超过 2500 亩，旗下有 30 多家子公司，打造出独特的“亿和模式”。

抓住汽车行业发展机遇

2009 年，受世界金融危机影响，珠三角和长三角的制造业遭遇前所未有的挑战，亿和的业绩也出现下滑。为了渡过难关，我们又开启新一轮转型升级。

通过全面推动自动化升级改造，我们从传统“人海战术”向无人车间和智能生产转型，让部分生产工序实现无人化，从而降本增效。然后，从简单加工制造向 ODM（原始设计制造商）和整机组装转型，加大技术研发投入并为客户提供“一站式服务”。

不仅如此，我们还积极转换发展引擎，进入高增长的中国消费品市场，尤其是汽车市场，降低公司对办公自动化设备市场的过分依赖。2011 年，我们以 6100 万元收购重庆数码模车身模具有限公司，正式进军汽车产业。很快我们又在武汉获得占地面积 500 多亩的工业用地，进一步布局汽车产业，通过为汽车行业提供零部件生产和焊接服务拓展市场。

从那时起，亿和正式形成两大产业齐头并进的格局。这次策略性产业调整为亿和注入强大力量，使我深刻意识到只有主动求变、积极转型，制造业才能跟上时代步伐。

在两大产业稳步发展的基础上，我们未雨绸缪，将目光瞄准智能和健康产业，逐步推动亿和打造自主品牌。

肆

无论曾经、当下或者未来，我们都是初心不改、奋勇向前的追梦者，将坚持不懈为深圳乃至全国制造业发展添砖加瓦。

见证深圳制造业发展演变

多年来，亿和在危机中成长、在转型中升级、在改革中蜕变，参与的整个过程让我有幸见证深圳制造业的发展演变。2009年，我在深圳市机械行业协会担任会长，致力于推动整个行业加大转型升级力度。目前协会拥有1500多家会员企业，涵盖智能装备、先进制造、精密模具等领域，是了解深圳先进制造业的一个重要窗口。

为培养制造业后继人才，从2010年起我倡议发起“1对1”捐资助学活动。亿和以身作则，向深圳职业技术学院捐赠100万元设立“亿和奖学金”。我们希望激发更多人才投身深圳高端制造业，为实体经济腾飞贡献力量。

亿和从无到有、从弱到强的过程，可以说是深圳制造业发展的一个缩影。亿和的成长离不开深圳这块创业热土，我们起步之初就得益于“三来一补”（来料加工、来样加工、来件装配和补偿贸易）政策，政府为制造业创造了良好的发展条件。一直以来，深圳都非常重视实体经济，陆续出台支持制造业、实体经济发展的政策和措施，助力深圳制造业实现高质量发展。

很庆幸身处这个伟大时代

在我的记忆中，小时候家里特别穷，我上小学三年级以前没有穿过鞋，穿的衣服也是大哥穿完给二哥，二哥穿完再给我。那时候从现在的南山到罗湖坐车要两个小时，深南大道还没建，到处都是沙土和土路。短短40年，深圳就发生了翻天覆地的变化，创造了让人难以置信的奇迹，很庆幸自己身处这个飞速发展的伟大时代。

敢为天下先是深圳的城市性格，从追赶时代到引领时代，深圳缔造了举世闻名的深圳速度。在敢拼敢闯的大环境下，谁抓住机会并拼尽全力，谁就能获得成功。当年勇敢踏出的一步彻底改变我的人生走向，回头看看我在制造业已经坚守超过25年。

“我们是一群追梦的人……每一刻都在追求卓越。”这是我们企业之歌《追梦者》中的一句歌词。我内心最大的感受是，无论曾经、当下或者未来，我们都是初心不改、奋勇向前的追梦者，将坚持不懈为深圳乃至全国制造业的发展添砖加瓦。

口述时间

2019 年 8 月 1 日上午

口述地点

深圳市慢性病防治中心

口述者

陆普选

Lu Puxuan

1954 年出生于江西上饶，深圳市慢性病防治中心医学影像科主任，一级主任医师，硕士研究生导师。中国性病艾滋病协会放射学分会副主任委员，广东省健康管理学会放射学专业委员会副主任委员。曾经先后主持完成 6 项国家、省部级及国际合作科研项目。发表传染与感染影像相关的研究论文 200 余篇，其中 SCI 论文 33 篇。2015 年与周伯平主编出版 *Diagnostic Imaging of Emerging Infectious Diseases*（《新发传染病临床影像诊断》）医学英文专著一部，2017 年荣获国家新闻出版广电总局“图书版权输出奖励计划”重点奖励。2014 年和 2015 年均获广东省科学技术奖三等奖。2005 年和 2015 年两次获深圳市科学技术进步奖二等奖。2003 年因在抗击传染性非典型肺炎工作中成绩显著，贡献突出，分别荣获广东省二等功、深圳市二等功表彰。2007 年度获“深圳市十佳医务工作者”称号，2011 年度获“深圳市十佳医技工作者”称号。在深圳创办主编了国内第一本《新发传染病电子杂志》。

我是一个医生，治病救人是我的初心，我的心愿是尽可能去救治更多的人。1993 年，我像一滴水那样，融入深圳海纳百川、改革创新的大潮中，深圳为我开启了通向世界的学术窗口。在深圳，我找准了抗击新发传染病临床及科研创新的目标，达成了作为医者抗击新发传染病、治病救人、普惠大众的“大心愿”。在深圳这方热土上，我永远是抗击新发传染病的医疗战线战士。

陆普选：
我愿永远为防控新发传染病而战

壹

平均每10分钟就会和一个“非典”病人或者是疑似病人接触，在抗击“非典”的一百多天里，我们一直坚持在工作岗位上。

治病救人是我的初心

1954年春，我出生在江西上饶市余干县的一个小山村里。我是家里的老大，下面还有6个弟弟妹妹。小时候，村里没有学校，上学要先划船通过一个水库，然后翻山越岭走上十几里路，每天放学后还要从山上砍一担柴到集市上去卖，换取学费和家里灯油钱。为了改善村里缺医少药的状况，我这个中学生跟随几个省城的医生学习，当上了“赤脚医生”。后来通过在医学院校系统学习医学理论和技能后，1983年被分到了江西省第二人民医院（现江西省肿瘤医院）工作。

学医是我人生中的重大转折。我的外科手术做得很好，完全可以照着这条路发展下去，成为一名优秀的外科医生，可是我没有。当时，我治疗的病人中有许多是肿瘤患者，在我看来，手术刀并不能完全根除这些患者的痛苦。当我注意到“介入放射学”这项国际医学界的新技术，一下子就迷上了它，于是申请了科研课题，四处去进修学习，不停地进行各种各样的实验和临床验证。

1992 年，我参与的“选择性支气管动脉灌注化疗药物治疗中晚期肺癌”项目获得了江西省科技进步奖。

与外科医生相比，放射科医生是幕后工作者，我们通过影像学检查发现和诊断疾病。很多时候，多数患者只知道是谁治好了他的病，其实放射科医生得出的诊断结论在治疗过程中也是至关重要的。虽然影像检查仅仅是辅助医疗手段，而且从事这个工作还可能受到放射线危害，影响身体健康，但是我仍然坚定地选择当一名放射科医生，因为更有效地救治更多的病人是我身为医者的初心。

全力抗击“非典”

1993 年，我作为骨干人才调入深圳市东湖医院（现深圳市第三人民医院），工作和生活条件都有了很大的改变。深圳海纳百川，各路医疗精英齐聚。深圳速度并不仅仅体现在经济建设上，医疗设备升级换代也很快，许多管理新理念、医疗新技术令人目不暇接。深圳为我开启了通向世界的学术窗口，我们的科研成果也逐渐发展到能够经常去国际学术会议进行交流。在深圳，我得到更大的与同行交流学习平台，自己也在快速成长，学习到了更多的医学新知识。

2002 年 11 月中旬，广东省出现了一种不寻常的传播病——非典型肺炎。2003 年 3 月，世界卫生组织正式将其命名为严重急性呼吸综合征（SARS）。“非典”肆虐的高峰时期，深圳市东湖医院被市政府和市卫生局指定为收治非典型肺炎病人的定点医院。X 光片诊断是确诊病情最直观也是最必要的方法，我所在的放射科承担着所有确诊病例、疑似病例以及发烧、咳嗽病人的 X 光片拍摄与影像诊断任务。从 2003 年 2 月 9 日开始收治第一例“非典”病人到最后一个病人出院，高峰时我们平均每 10 分钟就会和一个“非典”病人或者是疑似病人接触，工作量是平时的数倍。作为医务人员，我们无暇去考虑放射线和传染病源的双重生命威胁，全身心地投入诊断与抢救的一线工作中，全力去挽救每一个病人的生命。

在抗击“非典”的一百多天里，我们一直坚持在工作岗位上。作为深圳市抗击“非典”专家组从事传染病临床及研究的影像学专家，除了日常工作外，我还要去病区零距离地为患者检查会诊，每天工作十几个小时，经常凌晨三四点才回家，有时半夜刚刚躺下就被叫去会诊，天亮接着又上班。由于加班加点，通宵达旦地工作，我有好几次连自家的楼梯都上不了，因过度劳累趴在楼梯上就睡着了。

截至 2003 年 7 月 11 日，WHO（世界卫生组织）统计有 32 个国家和地区发生了 SARS。就深圳而言，无一名医务人员感染 SARS 病毒。历经 4 个多月上下齐心、众志成城的通力合作、科研攻关，我国终于成功地控制了疫情。我们参加此战疫的医务工作者也因此上了新闻头条，成为“时代的英雄，人民的功臣”。作为抗击“非典”的一线医务人员，我们战胜了“非典”，能为国家和人民贡献出自己的力量，感到无比的光荣。

贰

认真总结抗击 SARS 的经验，通过专题报告及论文著作等形式向全国各地推广。

积累大量第一手临床科研资料

抗击“非典”期间，尽管非常累、非常忙，我还是添置了数码相机和 U 盘，在诊断治疗“非典”病人的同时，积累下大量的第一手临床科研资料。我率先总结提出了 SARS 的三大影像学特征，对抗击 SARS 的诊断与治疗起到了重要的作用。我还对重症 SARS、老年 SARS、儿童 SARS 的影像特点以及检查方法的选择等问题进行了深入研究。为了解 SARS 的发生和发展以及痊愈后的动态变化，我又对出院的 SARS 病人进行了影像学随访观察，对 SARS 的预后进行了多因素分析。“非典”过后，通过梳理，我先后发表 *Chest X-ray imaging of patients with SARS*（《非典病人的胸部 X 线图》）等论文 15 篇，合作主编《传染性非典型肺炎》专著，为全国乃至世界各地抗击类似疫情提供经验参考。

2003~2004 年间，为提高我国医务工作者对 SARS 的认知水平，我先后被邀请到北京、四川、安徽、江西等地做有关 SARS 的专题报告。2003 年，因在抗击传染性非典型肺炎工作中成绩显著，贡献突出，我荣立广东省二等功、深圳市二等功，还荣幸地受到时任国务院领导及深圳市领导的接见。这是对我在抗击“非典”中的工作最大的肯定和褒奖，作为一名医务人员，我感到无比自豪。

深圳医疗水平和防控能力攀升到新高度

2006 年上半年，深圳发现一例高致病性甲型 H5N1 禽流感肺炎病例。虽然我们经历过 SARS 的考验，面对这突如其来的疫情，依然不敢有丝毫松懈。我对患者进行床边摄片、CT 扫描，进行影像诊断分析，从而为诊断、鉴别诊断提供了科学的依据，同时与临床专家一起会诊评价疗效。

经过 50 多天的治疗，这名感染高致病性禽流感重症肺炎患者得以成功救治。在卫生委专家评估总结相关人感染高致病性禽流感重症肺炎的诊治经验时，高度评价了我们深圳所做的工作，认为是一个奇迹并将相关经验推广应用。

叁

《新发传染病电子杂志》落地深圳创办，为深圳在全国医学系列期刊中取得一席之地。

“非典”促使我聚焦新发传染病

自从 SARS 结束后，我们发现全球几乎每年至少有一种新发传染病，威胁人类的健康，对社会及经济产生巨大的负面影响。新发传染病是指新的、刚出现的或呈现抗药性的传染病。在过去

30年中，全球发现了40余种新发传染病，平均每年至少出现一种。SARS、甲型H1N1、甲型H5N1、H7N9禽流感和中东呼吸综合征等是近10年来对人类威胁最大的新发传染病。

很多医务工作者在每一次新发传染病到来之际，都会感到预防控制措施掌握得不够，缺乏精准的诊断知识和治疗技术。2010年10月，这种缺憾促使我萌发了创办一本新发传染病电子杂志的想法，希望通过创办杂志广泛传播新发传染病相关防控、诊治知识和新技术，普及和提高广大医务工作者应对新发传染病的水平和能力，利用专业杂志的功能及其特殊性，将新发传染病防控指南、诊疗专家共识及对新发传染病及流行病学研究的科学方法与规范的技术传递到每一位医务人员。这对于早期预防、早期诊断、及时治疗各种新发传染病，降低病死率有着极其重要的意义。

《新发传染病电子杂志》落地深圳

2016年8月，经过多方的努力，国家新闻出版广电总局正式批准出版发行《新发传染病电子杂志》，填补了新发传染病学术交流领域的空白。2016年11月，《新发传染病电子杂志》落地深圳创刊号出版，我任主编。该杂志落地深圳创办，为深圳在全国医学系列期刊中取得一席之地，同时也是对深圳近年来在新发传染病研究上所取得成绩的肯定。诺贝尔奖获得者巴里·马歇尔以及我国钟南山、侯云德和廖万清等院士寄语该杂志打造深圳与国际接轨、先进的学术交流平台。

2019年，《新发传染病电子杂志》被国家卫健委和人民卫生出版社确定为卫生健康事业发展70年巡礼——重大传染病防控宣传专栏杂志，为此我们邀请了国家最高科技奖获得者侯云德院士、诺贝尔奖得主屠呦呦教授等为本杂志撰写文章，总结中国在重大传染病防控等方面所取得的成就。

我们希望，《新发传染病电子杂志》承载着传播新发传染病知识和技术，报道新发传染病防控经验及最新研究成果的任务，扬帆远航。希望它在人类新发传染病相关知识的普及、医务工作者预防控制传染病的发生与流行、早期诊断、及时有效治疗等方面发挥积极作用，同时，对社会的发展和经济的稳定有所裨益。更希望在广大医务工作者的鼎力关注和扶持下，《新发传染病电子杂志》真正成为国内外学术交流的新平台，全球新发传染病防诊治技术传播的有效渠道。

肆

世界上知名科技出版社 Springer（斯普林格）出版社为深圳医学专著立项出版，并且更新统计报道全球的下载量。

新发传染病防控知识和技术的普及推广需要新平台

新发传染病防控犹如作战。目前，深圳已经建立和完善了疾病监测网络体系，从组织体系、人员、设备、技术等方面大大提高了监测新发传染病的能力。除了完成岗位上的工作，这十几年，我先后发表了与新发传染病相关的中英文论文 200 余篇，合作主编出版了《传染性非典型肺炎》《人禽流感》《艾滋病胸部临床影像诊断》《传染病临床影像诊断指南》《流行性感冒影像学》、*Diagnostic Imaging of Emerging Infectious Diseases* 及 *Pulmonary Aspergillosis*（《肺曲菌病》）等中英文专著 12 部，与世界各国共享新发传染病的防控经验。

其中，2015 年 11 月，我和周伯平教授主编的 *Diagnostic Imaging of Emerging Infectious Diseases* 一书，在世界上最大的科技出版社之一的 Springer 出版社英文出版上线。该书是国内外第一本研究论述新发传染病的相关专著，标志着我们对新发传染病的临床研究工作得到了国际同行的认可。这本书在国际医坛惊艳亮相，也为我国医学史添加了浓墨重彩的一笔。2017 年，该书荣获国家新闻出版广电总局“图书版权输出奖励计划”重点奖励，是本次获得重点奖励的 99 本图书中唯一一本医学专著，为全国医疗界和深圳赢得了荣誉。在 2018 年“一带一路”中国 -

东盟国际传染病临床影像学术会议上，该书被作为礼物赠送给相关国家的医学代表，引起了极大反响。

这几年来，倡导科研原创一直是学术出版界的热点话题。在这样的氛围中，Springer 能够为我们深圳的医学专著立项出版，并且更新统计报道全球的下载量，这无疑是对中国、对深圳医疗界学术成果的高度肯定。接下来，我们还将在 Springer 陆续出版一系列专著。

我愿永远为防控新发传染病而战

防治重大新发传染病不是一朝一夕能够解决的事情，也不是一个国家能解决的事。我认为，保持自然与人类的生态平衡，保持生态平衡和自然环境协调统一，是控制和减少人、兽共患传染病的根本方法之一，也是源头上阻止新发传染病的发生、防控新发传染病的生态防控底线，深圳在这一方面就做得很好。据我了解，目前深圳医院医疗设备配置已经进入了世界先进行列，例如现在很多医院的 CT 磁共振设备都是较高配置，这充分说明了深圳这座城市对民生和大健康的重视。

多年来，我和同仁们一次次向"非典"、人感染高致病性禽流感、艾滋病和肺结核等新发传染病的影像诊断、鉴别诊断发起挑战，为救治病人争取了宝贵时间，为人类与这些疾病的战斗进行了艰苦的探索，积累了一些有益的经验。我也在不断地勉励自己，每当有新发传染病发生的时候，我将全身心地投入诊断与抢救的工作中，挽救病人的生命，为后来人积累防控经验，永远为防控新发传染病而战。

口述时间

2019年3月26日

口述地点

深圳市洲明科技股份有限公司

口 ———— 述 ———— 者

林洺锋

Lin Mingfeng

1974年出生于广东大埔县，2004年创立深圳市洲明科技股份有限公司，现任深圳市洲明科技股份有限公司董事长。曾任深圳市聚方圆科技总经理、科之友总经理、香港通用电器（深圳）有限公司品质部技术员。

从大埔县到深圳，历时 26 年，我通过不断打拼，从一名打工者成长为一家行业优秀企业的掌舵者。我很感谢深圳，深圳是个公平、自由、开放的城市。在这里，只要努力奋斗，怀抱着一颗积极向上的心，就能实现自己的梦想。

深圳是我梦想腾飞的城市，公司的发展离不开这座奋斗追梦的城市。深圳市政府的高瞻远瞩和开阔视野，为城市营造了优良的营商环境，一系列振兴科技和产业的政策有力地推动了企业发展，给创业者带来极大的信心和支持。回顾十余年的创业经历，看到公司不断发展壮大，见证 LED 行业从低谷转为兴盛，我尤其感恩深圳这座城市承载的时代机遇，深圳梦就是产业梦！

林洺锋：
做制造业的探索者，与深圳共成长

壹

一切的一切，源于“我想试试”。听说深圳是一个充满希望的地方，很多好的想法都能在深圳实现。

背起行囊闯深圳

幼时家境贫困，所以我从小就有做兼职补贴家用的习惯。1991 年，我上中专学电子技术。和那个时代的年轻人一样，我也喜欢研究电子产品，闲时，我就组装音响拿去卖。当时市面上成品音响如日本的松下、三洋等，大多都是海外品牌，价格昂贵。而组装音响不仅音质效果好，还可以根据客户个性化需求来定制，且价格只有市场价的三分之一。

这种尝试虽然赚得不多，却让我体验到自我创造实现价值的乐趣。1993 年，我从学校毕业，决心去外面闯荡一番。

听说深圳是一个充满希望的地方，很多好的想法都能在深圳实现。相比深圳，家乡的信息闭塞，经济落后。为了寻找希望，我背起行囊独自奔赴深圳。没多久，我便被香港通用电器（深圳）有限公司（以下简称“通用电器”）录用为技术员，开启了时至今日仍能带给我力量的职业生涯。

工作的第一年，我对一切都充满了好奇，工作很有乐趣和挑战性。美中不足的是公司不提供住宿，只能自己租房。为了省钱，我和几个人租了间不到 4 平方米的铁皮房，房间“冬凉夏热”，时不时还漏雨。当时一个月工资就 300 多元，租房 100 多元，吃饭 100 元，每到月底没钱时，我就在床板上翻一翻，看看是不是还有硬币躲在那儿，可以吃上一两顿饭。当时所有“资产”就是一个水桶、一张凉席、一床被子、五个衣架，还有换洗的几件衣服。第一年，我就搬了八次家，瘦了十几斤。那年春节回家，我妈看到我又黑又瘦的样子，心疼得不得了。我自己反倒是乐在其中，因为公司有许多东西值得学习，也让我积累了生产方面的专业技能和生产管理方面的宝贵经验。

通用电器是一家管理十分严格的公司，哪怕我只是一个操作工，也需要每天都写报告，写总结计划。他们的管理机制比很多企业先进不少。在通用电器工作期间，我仔细揣摩了他们的薪酬机制、职级设置等，这些都为我后面创业提供了很多思路。在通用电器的这段经历，为我个人职业化发展奠定了基础，给我的创业起到了很重要的引导作用。

贰

未来应该怎样发展？当时我给自己定了两条标准：第一，原则是通过做实业促进社会进步，能发挥自己的专长。第二，在这个行业能做到数一数二的位置。

遍地厂房，企业快速发展

凡事有利必有弊。通用电器管理很严格，一方面提升了员工的工作效率，锻炼了员工的工作技能，而另一方面，由于公司一直不能提供住宿，因此我始终无法办理暂住证。在这期间，我把业余时间用在卖服装上，效果却不尽如人意。

在通用电器工作两年后，我决心离开，寻找新的发力点。为了给自己更多机会和选择，我做了三种版本的简历，分别对应销售、管理和技术。当时许多企业向我伸出橄榄枝，考虑再三，我选择去美国伟力电子深圳有限公司做技术员。做技术是我的强项，我在伟力公司成长很快。刚进去时，我住一间 12 人的宿舍，一顿饭大概是 1.5 元。一年后，我住进了管理人员宿舍，与高管同桌吃饭，每餐四菜一汤。

要说伟力公司在深圳获得突破性发展还源于当时的营商环境。1992 年至 1995 年，全国经济总量持续保持高速增长，然而，随后两年增速下滑。在当时严峻的形势下，深圳通过大刀阔斧的改革，经济开始回升，许多外资投资开始回流，迎来大规模外资。当时厂房如雨后春笋般，密密麻麻地建起来。我记得特别清楚，当时我们那附近一平方公里以内全是厂房，晚上我们睡在这边，对面就在建厂房。

那时政府很支持建厂房，厂房建好后租给外资企业和创业企业。这样一来，大片的土地、大量的厂房，为外商来中国开厂创造了良好的机会，许多外资企业纷纷来深设厂、迅速扩张。以伟力公司为例，第一年开了四间工厂，第二年开了九间工厂，企业的快速发展，也促进了我们迅速成长。

万丈高楼平地起

早在 1993 年我背井离乡，一人踏上深圳这片陌生土地时，我便为自己定了一个目标：用五年的时间，把在学校所学技术运用到价值最大化。所以，当我在伟力公司晋升到工程师的职位后，我意识到，似乎已经到达自己职业生涯的瓶颈了。倘若要在技术这条道路上继续走下去，我没有太大优势，我迫切地需要转行，通过市场来证明自己。于是我瞒着家里人，偷偷地辞掉这份工作。后来，我花了一年多时间尝试各种各样事情，诸如炒股、卖服装、卖陶瓷，成为商场的供应商等，甚至还开过一年的便利店。

几年后，因为喜欢电子设备，我又回归到电子行业，开起了电脑公司，做起了联想的代理。但我发现，做代理只能赚些钱，做不大，做不强，看不到做企业的生存意义与价值。未来应该怎样发展？我不断思考，终于找到了人生奋斗的原动力：通过做企业，为人们的成长和发展提供平台，提供机会。当时我给自己定了两条标准：第一，原则上是对社会进步有帮助，能发挥自己长处的行业；第二，在这个行业能做到数一数二的位置。

几经思考后，我选择投身 LED 行业。当时很多朋友都不看好 LED，行业又小，产品又不稳定，三角债还特别严重。但我始终认为有问题就有机会。从技术的角度出发，这个行业的产品是原材料的革命，能替换世界上大部分光源。虽然替换过程很缓慢，但这一切是很有意义的。LED 灯节能环保，同时也能改善人们的生活品质，降低能耗。而且，这也是我熟悉的电子领域。但谁能想到我一做就做了十几年，一直做到了现在。

叁

从美国“侵权”官司之后，洲明科技开始注重专利的布局，到现在我们已经有 1113 项专利了。

与深圳共发展

2004 年，我与朋友合伙创立了深圳市洲明科技股份有限公司。最早公司在车公庙的一个厂房里，创业的前几年，我们一共搬了 6 次厂，基本上一年搬一次，从车公庙到宝安福永。值得庆幸的是，深圳有很多适合先进制造业的标准化厂房，所以我们很容易就能找到合适的场地，每一次搬家，办公面积都会增加一倍。

不仅仅是洲明科技，深圳这些年的变化也很大。公司刚搬到宝安福永时，那里正热火朝天地建设着，到处都是泥路，路上跑几辆卡车，很快就堵车了。如今，福永道路畅通，交通便捷。各行各业的建设者为深圳带来巨大的变化，深圳则为他们提供了良好的营商环境和政策支持，这些都促进企业快速发展，让他们能应用来自世界各地的优质资源。洲明科技也是在这样的背景支持下，从不起眼的代工厂，逐渐成长为让世界瞩目的中国品牌。

任何困难都是助力企业发展的动力

2008 年，北京奥运会开幕式对于 LED 大屏的应用可谓空前绝后。开幕式开场的画轴打开在一个巨大的 LED 屏幕上，屏幕长 147 米，上面铺了 44000 颗 LED 灯，是科技含量最高的一个舞台。开幕式在惊艳观众的同时，也让世界看到 LED 灯多姿多彩的一面。

2009 年，深圳市在国内发布了首个 LED 灯产业发展专项规划，提出将深圳“建成全国乃至全球重要的 LED 产业研发生产基地”。有了政策的鼓励和支持，当时各行各业都一窝蜂地拥进 LED 行业。那时深圳厂房租金差不多 7~8 元 / 平方米，比许多城市都便宜，企业很容易在深圳找到适合发展的环境和条件。对于创业的 LED 公司来说，深圳给了他们最好的创业环境。

然而，在 2010 年后进入 LED 行业进行创业的公司，几乎全军覆没，因为行业份额早已被成熟的 LED 公司占领。比如洲明科技是2004 年创立的，到 2008 年时公司出货量已做到国内领先。LED 行业里像我们这样的公司还有很多，刚刚起步的小型公司步履维艰，慢慢没落，慢慢被淘汰。

就在行业高速发展的时候，我们遇上了官司。2008 年，在洲明科技产品远销海外时，美国一位老教授说我们公司违反“337 条款”，侵犯了专利，在美国对我们公司提起了诉讼。同时被起诉的还有另外 6 家中国企业。在美国打官司律师费一年至少要几百万美元，当时不单单是洲明科技，中国企业几乎都打不起，耗不起。

当时我们可以选择不打官司，但不打的结果肯定是所有中国 LED 企业的产品都不能出口，“中国制造”就再难翻身成“中国智造”。如果我们认输了，那这一次的起诉就会成为证据，对方将认定中国其他同类企业都是这样，下一次下一个中国企业想打赢官司就很困难，这对中国 LED 行业来讲无疑是灾难。所以当时我十分坚定，哪怕砸锅卖铁也要打赢这场官司。

深圳市世贸组织事务中心得知情况后，给予我们很多指导，很感谢当时他们对我们的帮助，最后我们得以与对方和解。从美国“侵权”官司之后，洲明科技开始注重专利的布局，到现在我们已经有 1113 项专利了。

肆

面对深圳作为大湾区先行者的历史机遇，洲明科技也将始终保持艰苦奋斗、创新进取的精神，力争成为 LED 显示产业的先行者和领导者。

是深圳造就了洲明科技

要想把企业做大，成为行业龙头，洲明科技必须上市。经过我与内部管理层多次沟通和布局，2011 年，洲明科技成功登陆深圳创业板。上市后，洲明科技开始加速前进。

2012 年，洲明科技中标广深高速 EMC 智能路灯改造项目，实现 70% 以上的节能效率，创行业先河，这是国内第一个使用 10 年 EMC 合同能源管理模式的道路改造项目。广深高速也是国内第一个全程使用智能控制系统的高速公路。

2015 年，洲明科技雷迪奥（ROE）品牌的黑玛瑙产品赢得世界认可，成为 LED 行业里全球唯一一款同时获得德国 iF 金奖、德国红点金奖、美国工业设计优秀奖等 6 项世界大奖的产品。这个产品改变了大家对中国产品的认识，让企业在这个行业占据了主导地位。

为了在科研方面加强创新，洲明科技成立中心实验室。该实验室不仅是 CSA 半导体照明联合创新国家重点实验室和广东省半导体照明产业联合创新中心的共建单位，还是广东省 LED 标准光组件联合实验室和深圳市高清 LED 超大屏显示技术工程实验室。

另外，洲明科技还是 CSA 国家半导体联盟标准化委员会、LED 照明标准光组件认定委员会、LED 产业专利联盟等标准制定组织的成员单位，共参与了 12 项国家标准、18 项行业团体标准制定。

现在的深圳，拥有核心的研发制造技术、良好的营商环境和人才引进政策，一切以科技为本，以人才为本。回首洲明科技的 15 年风雨路，是深圳造就了洲明科技。如果没有国家改革开放的政策，没有稳定大时代的背景，没有 14 亿人口超大的市场规模，就没有洲明科技和我的今天。

时势造英雄，共筑强国梦，感恩中华民族伟大复兴的时代！长风破浪会有时，直挂云帆济沧海。面对未来深圳作为大湾区先行者的历史机遇，洲明科技也将始终保持艰苦奋斗、创新进取的精神，力争成为 LED 显示产业的先行者和领导者。

口述时间

2019年8月6日上午

口述地点

南山区花卉小镇欢喜小院

口 ———— 述 ———— 者

王欢来

Wang Huanlai

1954年出生于天津汉沽，1975年毕业于天津美术学院版画系，现为中国书法家协会会员、天津市美术家协会会员、天津市书法家协会会员、中国版画家协会会员、广东省工艺美术大师、深圳市工艺美术行业协会副会长、深圳市工艺礼品行业协会艺术总监、深圳市高层次专业人才。书法刻字作品《大型屏风秦文公石鼓文》荣获2001年中国工艺美术大师精品展金奖，版画作品《盐城之夜》被中国美术馆收藏。书法刻字作品《天道酬勤》荣获广东省第三届工艺美术精品展金奖和第二届文博会工艺美术精品奖。

1993 年，我从天津汉沽来到深圳。当时，很多人认为深圳缺少悠久的历史文化遗存，并不适合艺术家发展。其实，经济成就部分遮盖了深圳文化成就的光芒，从四面八方而来的移民，带来了他们各自传统的地域文化，在此碰撞交融、生根发芽，形成了全新的深圳移民文化。而我也是众多移民中的一员，我将“汉沽刻字艺术”带进深圳，融入深圳，让它在这片沃土上绽放新的色彩。

王欢来：

文化创新是深圳工艺礼品产业发展核心动力

壹

有了父母的支持，有了老师的指点，我犹如一匹欢快的野马，驰骋在艺术的广阔天地里。

从小开始学画

1954年2月，我出生于天津汉沽。汉沽是一个崇尚文化的地方，尤其对画画的，更是多了几分尊重。汉沽不仅是我的故乡，也是我艺术生涯的起点。我的父母乃至祖辈，没有一个是舞文弄墨的，甚至，在我学画的最初阶段，父母是不支持的。因为穷，没有钱买画纸、笔和颜料。然而，倔强的我还是坚持去文化馆看画，学画。

最初，我只是趴在文化馆教室的窗户上，看着老师教画，看着别人习画。常常一待就是一个上午，甚至整整一天。后来，老师被感动了，允许我进屋听课、看画。正是这种坚持，父母最后同意我学画了。那时候，我常常纠结的是，攥着父母刚给的五分钱，是去买纸，还是买墨？有了父母的支持，有了老师的指点，我犹如一匹欢快的野马，驰骋在艺术的广阔天地里。

1972年，天津五·七艺术学校（现天津美术学院）恢复招生，考虑到美术教育的特殊性，除了招收工农兵学员之外，还特批招收少量中学生。为此，学校负责招生的老师，几乎跑遍了天津所有的中学，汉沽虽偏远，但也不例外。当招生老师来到我所在的中学，被校园里的一幅大型壁画所吸引，而这幅画的作者就是我。于是，他们把我找去，问话、笔试、复试，最后政审，广泛征求各方面意见。经过层层筛选，我非常幸运地成为天津美院恢复招生的首批大学生之一。

当年，美术专业在整个汉沽只招两名学生，我是其中之一，我也是我们家族的首位大学生。我班里有 36 名同学，年纪最大的已经 32 岁，而我刚满 18 岁，是最年轻的。这让我有点得意，但感觉更多的却是一种压力。压力最终转化为学习的强大动力，我认真跟随老师学习，虚心向同学请教，在天津美院学习的三年，是我一生中美好的时光。

毕业后回乡发展

1975 年，我们班的毕业创作展专场在天津美术学院主楼大厅举办，这是当年津门画坛的年度盛典。撤展时，我提供给学生习作展的写生和色彩画展品全部失窃。不知是一种偶然，还是哪个有雅趣的小偷独具慧眼，在所有同学的作品中唯独将我的作品全偷走。当时觉得别人是因为喜欢我的作品才偷，内心还有点小窃喜，但现在想起来却是满满的遗憾。

大学毕业后，我回到故乡汉沽，任职于汉沽文化馆，先后担任副馆长、馆长职务。区、县一级文化馆的职能，就是推动群众文化艺术工作，发现和培养基层的艺术人才，并组织和指导基层的艺术群体创作。汉沽版画和汉沽刻字艺术其实是一对孪生兄弟，都综合嫁接了多种艺术门类的特色，使之成为一种艺术品，只是版画侧重于“画”，而刻字则偏重于“字”。我是版画科班出身，汉沽又具有版画木刻的群众基础，于是，我便选择版画和书法刻字作为突破口来打造汉沽群众艺术的优势和拳头产品。

贰

看着这一座年轻的城市，到处都是一派欣欣向荣的景象，我寻思着这是一个做文化项目的好地方，当时就萌发来深圳发展的念头。

探讨艺术礼品化

1990 年，“汉沽刻字艺术”在北京展出，这是弘扬中国传统文化的一场艺术盛典，中央电视台等多家媒体予以报道，汉沽艺术再一次名扬海内外。

北京展览结束后，有人问我一幅展品值多少钱？我说没卖过。于是，我们就艺术品如何做成礼品，又如何形成商品化经营，进行了一番探讨。在政府相关部门的支持下，汉沽书法刻字赴香港参加公益捐款性质的艺术品展会，赴广州参加首届中国艺术品博览会。每次展览，都好评如潮，求购者众多。由此，我总结发现，汉字作为一种文化符号，一旦成为艺术品的载体，自然承载着更多的中国文化的元素和内涵，也更容易批量化、礼品化和市场化开发。

随后，当时的深圳市宝安县（1993 年被撤消）文体局联系上我，希望通过书法刻字艺术的合作，共同开发礼品市场。双方一拍即合，第一个订单就达到 80 万元。在深圳考察期间，看着这一座年轻的城市，到处都是一派欣欣向荣的景象，我寻思着这是一个做文化项目的好地方，当时就萌发来深圳发展的念头。

将“汉沽刻字艺术”带到深圳

1993 年，南山区打出“文化南山”的口号，我作为文化人才被引入南山。南山区专门成立南山书法刻字艺术院，聘请我担任院长，给事业编制，给办公经费，并可按市场规则运营公司，这种因人才设岗的举措在深圳可谓开风气之先。正是在各方合力的推动下，我来到深圳，转型下海经商，从一个文化干部转型为文化商人。

南山书法刻字艺术院，与其说是企业，还不如说是培训学院。当时，有许多年轻人、艺术爱好者来学院学习。现在深圳的艺术人才，特别是刻字装潢艺术人才，大部分在南山书法刻字艺术院培训过。担任院长期间，我结识了很多来自全国各地艺术界的名家大师。那时候深圳还没有什么文化产业，我们除了艺术交流，还探讨文化产业发展、艺术品怎么商品化、怎么形成文化产业等。与名家大师的交流使我受益匪浅。

设计创作并参与刻制《汉魂》

跃入商海后，凭借自己的艺术功底和广泛的人脉，也凭着挖掘和经营“汉沽书法刻字艺术”积累的丰富经验，企业经营效果不错。我们通过承接布吉公园的文化碑林项目，获得了良好的口碑；并由此进入深圳市福田中学、深圳市南山外国语学校等校园，引领了当时营造校园文化的新潮流，开启了一片艺术品经营的新天地。

在 1997 年香港回归之际，中国文学艺术界联合会向香港特别行政区捐赠大型刻字作品《汉魂》。这件作品由我设计创作并参与刻制，前后刻了两个多月。汉魂，中华魂也，国魂也。《汉魂》以隶意为主，隶楷相间，刀法结构严谨，字体端正古秀，朴实丰茂，用特有的艺术语言建立起自己的艺术世界。《汉魂》无论是内容，还是形式，都能完美地展现中国的传统文化。除此之外，我还参与了“毛泽东诗词碑林”“中国名人名联碑林”“香港驻军法”等一系列有重大影响的刻字作品大型项目。

2001 年，我被聘为深圳大学客座教授，为学生讲述书法、雕刻、绘画、装饰等众多艺术门类。我还曾为深圳大学的外国留学生讲授书法，从汉字演变过程，讲到汉字魅力；从汉字结构美，讲到汉字鲜活性；从隶书书写，讲到书法创作的个人情感。让留学生通过认识汉字、认知汉字，充分领悟汉字的起源，更好地了解中国文化。

我们将深圳的工艺美术提升到更高水平，从而形成深圳在工艺美术与文化礼品行业的话语空间，奠定了深圳在工艺美术领域与礼品行业全国领先的地位。

深圳工艺礼品市场逐渐形成

我曾在广州参展，看到现场最引人关注的就是一些传统手艺做出的工艺礼品，很多民间艺人的绝活得到了市场的认可。改革开放初期，我们这些搞艺术的没有工艺礼品这个概念。随着经济发展，我慢慢意识到深圳的工艺礼品市场正在逐渐形成，市场需求越来越大，深圳本土厂家越来越多。

经过多年的发展，深圳工艺礼品产业已具相当规模。到2001年年底，全市有工艺礼品生产企业1700余家。当时，深圳很多礼品公司都是“按需生产”，即市场需要什么就生产什么，礼品公司的产品都是包罗万象，同类产品竞争激烈，仿制品泛滥，低价竞争情况严重。就在这种情况下，我们提出成立一个组织来为大家服务，可以起到政府与企业之间、企业与企业之间的桥梁纽带作用，以创新、平等的精神为会员企业服务，促进企业之间的互助、共赢，从而促进行业的健康发展，而这个组织就是深圳市工艺礼品行业协会。

深圳市工艺礼品行业协会成立

2002年6月，在市政府相关单位的指导下，深圳市工艺礼品行业协会成立。它是由从事工艺礼品生产、研究、经营、销售的企事业单位、个人及其有关部门、相关社会团体自愿组成的非营利性具有产业性质的经济团体组织，是经市民政局登记注册的社会团体法人。后来我们才知道，原来这是全国第一个工艺礼品行业协会。当时在全国引起了很大的反响，各地区纷纷效仿成立地区工艺礼品行业协会，协会的重要性不言而喻。作为创始人之一，我在深圳第二届全国文化产业博览会上推动设立工艺美术展厅。我们将深圳的工艺美术提升到更高水平，从而形成深圳在工艺美术与文化礼品行业的话语空间，奠定了深圳在工艺美术领域与礼品行业全国领先的地位。

众所周知，深圳本土几乎没有工艺美术大师，也没有一些历史流传下来的产品和技术，行业的发展只能借鉴、融合、创造。深圳的技术创新是全国领先的，比如玉石和金属材料结合的工艺礼品，就是出自深圳，当时创造了很大的经济效益，几乎所有的企业都生产这类产品。企业不去创新就会落后，做出来的东西就没有人买，在我看来，深圳工艺礼品行业的发展正是深圳发展的缩影，速度快，创新多。

2008 年，深圳被中国轻工业联合会授予“中国工艺礼品产业基地”的光荣称号。同时，深圳市政府在人才引进、人才培训、行业发展等方面都给予协会很多指导和政策支持，例如大师工作室补贴、企业参展补贴、不定期举办各种展览，这在很多城市都是没有的。一直以来，深圳工艺礼品行业都以自主创新为驱动力，重视自主知识产权、富含文化内涵和高附加值，成为深圳优势传统产业和文化产业之一，是国内现代工艺礼品的创意、研发、设计、制造、物流基地，位居全国同行业首位。

肆

文化创新才是深圳工艺礼品之魂，也是深圳工艺礼品产业得以发展的关键。

回归艺术本身

中国文化源远流长，其间可供挖掘、整理的民俗文化素材不可胜数。市场需求是可以创造的，消费也是可以引导的，礼品行业应该更多样化，并向多领域扩张，才能扩大市场容量。在深圳工艺美术圈，我最擅长的就是以家居文化饰品作为切入点，以木版刻字为基础，以石、木、金属组合为技术工艺，开拓实用而广阔的、以文化为导向的礼品市场和家饰市场。我曾主持开发“秦汉风采”“大唐风韵”“大清风度”“汉字风潮”“民俗风情”五大系列产品以及文化钟表系列、文化壁饰系列、文化花插系列、艺术摆件系列、文化灯饰系列，这些都曾引领深圳礼品行业和家饰行业一时之风尚，并形成了颇具深圳特色的一个文化产业集群。

深圳工艺礼品在其发展的过程中，形成了自己的特色和优势，在全国同行业中占据主导地位。我们通过打造协会这个平台，将行业做大做强；但商业化的艺术，其目的是商业利益，从艺术角度来讲，那只是产品，而不是艺术品。我认为，文化创新才是深圳工艺礼品之魂，也是深圳工艺礼品产业得以发展的关键。基于这些思考，在我 60 岁的时候，我决定回归艺术本身，潜心创作出更多更好作品。

深圳文化气息与氛围越来越浓郁

曾经有人说年轻的深圳是“文化沙漠”，其实，深圳是一座重视文化建设的城市，各种文化场馆齐全。深圳读书月、深圳设计周、深圳“一带一路”国际音乐季、中国（深圳）国际文化产业博览交易会……每年频密的文化活动一个接一个。我从 1993 年来到深圳，至今已在深圳生活 20 多年，我能感受到这个城市越来越浓郁的文化气息与氛围。

作为改革开放的前沿，深圳在内地与港澳文化，以及中国和海外文化的交流当中发挥着重要作用，汇聚了各种资源。由此，深圳吸引了无数艺术家到此闯荡，国内外著名艺术家大都在深圳留下了他们的足迹，为深圳工艺礼品行业的整体发展起了非常重要的作用。其实，无论是大芬村普通画工，还是艺术名流，大家一同构成了深圳一种特有的文化现象。正因为有了他们的不懈奋斗，才有了深圳文化产业的发展和博览会的辉煌。

口述时间

2018 年 9 月 15 日下午

口述地点

中共深圳市委党校

口述者

乐　正

Le Zheng

1955年出生于江西东乡，教授、博士生导师，国务院特殊津贴专家。曾任中山大学中国近代史教研室主任，深圳社科院院长、社科联主席，中共深圳市委副秘书长、政研室主任、改革办主任，市政协常委、文史学习委主任，现任南方科技大学思政中心教授。长期研究中国近代史和社会发展理论，主持深圳重要发展改革项目的制订编制，曾获广东省社会科学优秀成果一等奖。

我来深圳是来对了！

这是一座年轻的城市，有很多创新和发展的机会。正因为她不是一座老城市，所以条条框框很少，有许多走新路的机会。可能在有些地方走新路要受到很多限制，年轻人只能跟在老一辈的专家学者后面走，但深圳给了我们很多独当一面的机会和平台，只要个人勤奋，有端正的发展方向，都会在这里找到新出路，这是我切身的体会。

乐　正：
用社会科学为深圳发展出谋划策

壹

深圳市社科院是一个新机构，当时人不多，但我们还是积极作为，利用城市发展知识，为深圳发展提供扎实的理论基础。

从教师到市社科院院长

1977 年，我考取了中山大学历史系。1989 年，博士毕业以后，我回到中山大学教中国近现代史。1994 年年底，经历了一番思想斗争之后，我来到了深圳。那时我在广州发展得很好，但是深圳非常吸引我。1994 年的深圳很年轻，但是发展得非常快，而且城市规划建设与其他的城市有明显的不同，充满了朝气和现代气息，是一座能让人对国家的未来充满美好期待的城市，于是我就下定决心过来了。

一开始，我在深圳市委党校的社会发展研究所做科研工作，同时也承担一些干部培训的教学任务。2001 年，深圳市社科院向全市公开选拔局级干部，当时的深圳市社科院是一个成立不到 5 年的年轻学术机构，我觉得非常富有挑战性，就参加了应聘，最后通过考试当上了副院长，半年后转为院长。

深圳市社科院对我而言，是一个全新的部门，它和高校有些相似，要做很多学术研究，但与高校不同的是，深圳市社科院没有教学任务，课题研究要与深圳改革开放的进程、现代化建设的需求紧密结合。

当时，社会科学事业在深圳是非常年轻的事业，我觉得自己身上的责任很重。之后，我花了一段时间考察了全国各地的社科院，学习他们的成功经验，同时也了解了市委、市政府对社科院的要求和期待，把各方面结合起来，慢慢做出了社科院的发展规划。

当时我就一个想法，在这个岗位上，就是要把深圳的社科事业发展起来，让社科工作者有机会和平台来发展深圳的社会科学研究。

为深圳发展建言献策

2001 年之后，正值深圳进入新一轮发展阶段，城市发展逐渐从要素驱动向创新驱动转变，而深圳的改革也进入了“深水区”，决策者在谋划未来时更需要理论保障，而社科院在学术研究之外，为市委、市政府的科学决策提供了许多建议。

2002 年、2003 年的时候，当时社会各界就“经济特区发展道路该怎么走”这个问题产生了热烈讨论。大家都非常关心深圳的发展前景，都在为经济特区的发展出谋献策。

2003 年 6 月 29 日，中央政府与香港特别行政区政府签署了 CEPA（《内地与香港关于建立更紧密经贸关系的安排》）。就在同一天，深圳举行了《深圳蓝皮书：中国深圳发展报告（2003）》一书的首发式。书里有一篇由我撰写的综述稿——《深港都会圈与珠三角经济区的“双核”模式》，我在里面提出了构筑“深港都会圈”的设想，认为深圳的发展不能光靠自身，要跟南边的香港，东边的惠州等结合起来，形成一个多边共赢的格局。这个理论在当时还是挺大胆的一个构想，也引起了很大的反响。

接着，在 CEPA 公布的当天，我们又向市委提交了一份《CEPA 对深圳经济的影响》研究报告。报告有大量的数据分析和案例，也有对深圳未来经济发展的充分思考和建议，内容非常翔实，受到了领导的高度评价。

2006 年春节的时候，市社科院接到了草拟《市委、市政府关于学习追赶世界先进城市的决定》这个文件的任务，我们很多科研人员为了完成这个任务，大过年的从家里赶回来。初七的时候，我们把这个稿子写好交给市委、市政府，很短的时间内就审议通过并向社会公布，最后也是开创了深圳党委政府重要文件由科研机构独立承担并公开征求公众意见的先河。

市社科院能够为深圳发展提供咨询服务，而且很多建议都被完全采纳，这让我们很有成就感，也是我们理论研究价值的体现。

贰

社会科学研究要走出象牙塔，增加决策者和市民对社科工作的认识，推动社科院向公共智库转型。

撰写深圳第一本蓝皮书

我觉得社会科学的研究不应该离开我们的现实生活，基础理论研究非常重要，要结合深圳的特点，更多地面向现实，面向社会，面向广大市民。

2003 年，我们撰写了深圳第一本蓝皮书，对深圳的发展状况做了一个整体的回顾和展望。当时蓝皮书全中国只有北京出了一本，深圳是第二本。

此后，我们每年都出蓝皮书。从一年三本到一年四本，涵盖了经济、社会发展、文化和劳动关系四大内容，超过 100 万字，通过书店公开发售。不管是市委、市政府领导，还是普通市民、企业家，都能通过蓝皮书了解深圳发展的最新动态和重要数据。

后来，我们又编纂了“深圳改革开放研究丛书”。那是 2010 年，恰逢深圳经济特区建立 30 周年，我们联合市委宣传部、人民出版社共同打造这套专著，对深圳前 30 年的发展历程做了一个全面的梳理和总结，也是我们社科理论工作者献给深圳经济特区 30 周年的礼物。

这套丛书对深圳的产业结构转型升级、深圳的改革开放措施、深圳的城中村的变化等多方面做了全面回顾，可以说代表了那个时候我们对经济特区研究的最高成果。

撰写“大运会历史上最好的申办报告”

2011 年，深圳成功举办了第 26 届世界大学生夏季运动会。然而自 2006 年始，我们就承担了大运会所有的文稿工作。从最初的申办报告，到最后的行动纲领，所有重要文件的起草写作任务全部由我们来完成。

这其中的艰难，对于毫无经验的我们来说，可以想见。当时深圳是第一次举办如此综合性的体育盛事，全市都没有经验。为了写好各项报告和策划，我们参考了前几届世界大学生夏季运动会，还去了北京奥委会、上海世博会、广州亚运会，学习了好几个月，一直在外面跑，通过各种途径去向别人学习经验。

就这样，从完全没有经验，到起草申办文稿，最后策划财务报告、市场开发报告、陈述报告，等等，一步一步扎扎实实地走下来。

2007 年 1 月 17 日，国际大体联（FISU）在意大利都灵宣布，中国深圳市获得 2011 年第 26 届世界大学生夏季运动会主办权。当时深圳的竞争对手是俄罗斯的喀山市、波兰的波兹南市、西班牙的穆尔西亚市和中国台湾高雄市，这几个城市的经验都比深圳丰富，可以说我们赢得非常惊险。

后来有一个说法是：26 岁的青春城市深圳，市民平均年龄 26 岁，拥抱第 26 届世界大学生夏季运动会。

当时我们撰写的《深圳第 26 届世界大学生夏季运动会申办报告》，被国际大学生体育联合会誉为“大运会历史上最好的申办报告”，让我们感觉特别有成就感，可以说是创造和见证了历史。

2011 年大运会成功举办后，国际大体联称这是有史以来最成功的一届大学生运动会，把国际大学生运动会规格提高了很多。

当时很多国际大体联的执委都没有来过深圳，有些甚至都没有听说过深圳。经过这次大运会，深圳的国际知名度大大提升了。

来自世界各地的 2 万多名大学生，很多是第一次来到深圳，甚至第一次到中国来，深圳给他们留下了非常好的印象，很多人熟悉了深圳、喜欢上深圳。

叁

让市民参与到社科研究活动中，同时把研究成果向市民宣传推广。

社科走进市民生活，让专家学者与市民面对面

2003 年，我们举办深圳社会科学普及周，目的是让社会科学的研究走出象牙塔，跟广大市民的日常工作生活结合起来。

每周末，我们都会在书城做很多活动，比如一些社科咨询活动。市社科院旗下有很多的研究会，研究会成员就会在活动中将研究成果介绍给市民，也会解答市民关心和提出的一些问题。

这个社会科学普及周甫一举办，就得到了市民的积极响应。每次活动都有很多市民自发来参加，有的时候是全家一起过来。得到了市民的肯定后，我们的活动也一年比一年做得好，参加的市民人数也更加多了。

后来，乘着社会科学普及周的“热风”，在 2005 年，我们又办了深圳市民文化大讲堂。这个一开始是当时的市委常委、宣传部部长王京生同志的倡议，那时有些城市经常举办一些论坛活动，王京生就觉得深圳也可以举办一些更专业的文化交流活动。确定了这个想法之后，我们立马就找了市图书馆合作，借用了图书馆的报告厅，每周请来几位在各个领域知名的专家学者做免费讲座，有作家王蒙、全国知名艺术家邢东、著名学者易中天等。

那时候很多市民都去图书馆看书学习，大家对知识有强烈的渴望。市民在看书之余，也可以听我们国家的专家学者谈他们的研究成果。

开始市民都不知道这个事情，我们就做海报，也通过各家媒体宣传。后来场面一度非常火爆，活动刚开始的前半年，每个周末都有三到四场讲座。

活动举办渐渐成熟后，我们每年都分成几个专题，更加全面而且更有针对性地和市民交流互动。

深圳市民文化大讲堂是个完全公益的开放活动，不分年龄，不分地域，所有人都可以参加，到如今已经坚持了 12 年。有些听众告诉我，他们自己组成了一个市民文化大讲堂俱乐部，经常跟主讲的老师做交流，同时他们也会自发地做一些宣传。

2009 年，市民文化大讲堂获得了文化部颁发的“文化创新奖”，在全国也产生了一定的影响，但更重要的是得到了市民的认可。

肆

在其位，谋其职。要打造深圳学术品牌，争取产生具有较高学术价值的精品力作，创造社科界的“高交会”。

大力支持深圳学术建设

深圳是一座年轻的城市，人文社会科学的基础也相对薄弱一些。市里的领导曾提出，深圳除了发展经济，也要建设自己独特的人文研究，建设“深圳学派”，加强社会科学研究和人文学科的发展。

市社科院旗下有个学术团体深圳社会科学联合会，整个联合会由五六十个不同的学会和研究会组成。

其中有些学会和研究会非常有活力，成果也不少，但是有一些学会缺乏经费和经验，显得不那么积极。

我们就考虑如何支持这些学会开展学术研讨工作，为此我们想了两个办法，一是让他们参加社科普及周，将研究成果向社会公开；二是在 2006 年创办了深圳学术沙龙，各个学会向我们提交选题申办表，通过审核后，我们提供资金和平台大力支持他们。

这一来就把五六十个学会搞活了。深圳学术沙龙举办到第四期时，就成了一个学术品牌，活动又是开放型的，吸引了很多市民参加。

深圳学术沙龙是比较小规模的，学术性相对来说不强，活动也很分散。为了更进一步加强深圳各个单位的学术交流和联结，在 2009 年，我们创办了深圳学术年会，这也是我们的首创。

深圳学术年会其实就是深圳社科理论界的盛大聚会。在每年年底的时候，深圳大学、市委党校综合开发研究院、深职院等各个单位齐聚一堂，分享各自一年中最好的学术成果。社科理论工作者也有了一个平台去展现和交流。渐渐地，我们树立了深圳整体的学术形象。

随着举办次数的增加，深圳学术年会的规格越来越高，我们也一直坚持走高端化路线，关注时代前沿和学术热点，后来深圳学术年会甚至成为全国性的年会。

这一系列的工作对“深圳学派”的建设起到了至关重要的作用。毕竟一切要以作品说话，以有影响力的科研成果做基础。我在社科院工作的那些年，深圳的社会科学规划课题数量逐年增加，规格也不断提高，进步非常明显。

现在“深圳学派”建设是我市社会科学发展的一个重要课题，当然这是一项需要时间的任务，但是有了目标，就有了方向。

口述时间
2019 年 2 月 20 日
口述地点
深圳市关山月美术馆

口述者

陈湘波

Chen Xiangbo

陈湘波，生于1963年，湖南衡阳人，毕业于广州美术学院，硕士，国家一级美术师。现任深圳市关山月美术馆馆长，中国工笔画学会副会长、广东省美术家协会副主席、深圳市美术家协会主席等，深圳市政府特殊津贴专家，地方级领军人才。在中国、美国、匈牙利等地举办个人画展10余次；有60余幅作品被中国美术馆等国内外20余家专业机构收藏；出版个人画集、著作9部。

现在回想，如果当年我留在广州美术学院当教师，我的人生将会是另外一番景象。1994 年，我来到深圳。从最初参与关山月美术馆的建立，到促进关山月美术馆的创新和转型，我见证了关山月美术馆的成长，也见证了深圳美术行业的发展。现在的我不仅仅是艺术家，更是美术馆的管理者、行业的促进者。

我们这代人真的很幸运，经历了改革开放，目睹了深圳的巨变。我很感谢深圳，感谢这个时代。在这个时代，我顺势而为，把握住人生的节点，为深圳的发展贡献了自己的一份力量，也成就了自己的一番事业。

陈湘波：

将关山月美术馆打造成公共艺术空间

壹

才智真的不重要，关键是你是否真心喜欢这个东西。

从小喜欢画画

我在湖南衡阳长大。小时候，我的理想是当一名作家，但由于条件限制，没读太多书。同期，美术在我们那较为流行，许多工厂都开了美术创作班，我一个亲戚恰好在厂里学画画，所以我也常跑去看他们画画，耳濡目染，也因此开始对画画感兴趣。

美术学院是独立招生，高中学业完成后，为了学画画，我连高考都没参加，只报了几个美术学院。然而由于我美术基础不太好，我连准考证都没拿到。

高中毕业后，爸妈给我找了许多工作，我都不愿去，就想学画画。后来，衡阳市纺织机械厂组建，厂领导听闻我只愿画画，曾许诺让我去宣传科，后来实际让我去了热处理车间。在那里我工作了两年半时间，一边工作一边复习。1980 年，我参加高考，但没考上。后在父亲的安排下，我跟衡阳的名家钏增亚老师学画。当时挺疯狂的，我抱着一沓自己精心作的画，去找长沙的名画家们。一家家地敲开这些名家的门，请他们给我提意见。那些名家看到我很惊讶，但也欣赏我这种做法，所以都愿意给我指点。

到了 1981 年，我考上衡阳师范学院，但身边人都劝我说："你现在都有全民指标，就别去争这个大学位置了。"全民指标在当时相当于公务员，我考虑后觉得确实如此，于是我放弃了这个机会。但我没有放弃我画画的梦想，1982 年，我终于如愿以偿，考上广州美术学院（以下简称"广州美院"），开始我的大学生涯。

大学改变了我

对于我们这代人来说，大学真正改变了我们的人生。

我读中学时成绩一直很好，可到了广州美院后，我发现身边同学都非常优秀，有的是大画家的女儿，有的则从小就开始学画画。比起他们，半路出家的我非常自卑，那时每天都写日记，感觉自己的理想都塌下来了。

就这样到了大二。有一次，湖南的邹传安老师来我们学校讲课，他是画工笔画的，和我们之前学的素描和色彩完全不一样，我被他"镇"住了，开始把心思往工笔画上转移。每到寒暑假，我就往邹传安老师家里跑，一住就是一个多月，就为了向他学画画。正是这段经历让我迅速成长，并且让我悟出一个道理：才智真的不重要，关键是你是否真心喜欢这个东西。

贰

1997 年，广东三个美术馆开馆，广东省美术馆、关山月美术馆、何香凝美术馆，其中两个都在深圳。

从广州来到深圳

1986 年本科毕业后，我去肇庆教了几年书。教书期间，我依然希望能在画画这条道路上深造。于是在 1991 年，我考上广州美院研究生。研究生毕业，我顺利留校成为美院的一名教师。

对于我们来说，当时能留在广州是最理想的选择。没想到没过多久，关山月先生找上我——他是著名国画家，也是我导师的岳父。他说深圳要建关山月美术馆，问我愿不愿意去帮忙。

那时我对深圳没什么了解，有些犹豫，后来我想想觉得也行，在高校待了 12 年，是时候接受新的挑战，就这样接住了关山月先生递来的橄榄枝，来到深圳，参与关山月美术馆的建设。

建立关山月美术馆

在深圳建立关山月美术馆，还得归功于深圳市委、市政府的积极推动。

1994 年 3 月，时任市委领导于北京参加“两会”期间，在广东代表团审议会上，提出了关山月先生愿意将其一生创作的美术作品捐献给深圳人民的愿望，并表示市政府决定为其建立一座美术馆。

现在看来，这是一次国家收藏 20 世纪中国美术作品的成功实践，也是深圳经济特区在经济发展取得瞩目成就后，重视文化事业发展的标志性事件。关山月先生将自己的作品捐给了新兴现代城市深圳，既体现了关山月先生的独到视角，也反映了当时深圳市主要领导人超前的文化眼光。

关山月美术馆的建设在一定程度上也推动了广东省对美术馆的重视。1997 年，广东三个美术馆开馆，广东省美术馆、关山月美术馆、何香凝美术馆，其中两个都在深圳。2011 年，关山月美术馆成为首批九家国家重点美术馆之一。

叁

关山月美术馆成为国内第一家将“设计”作为学术定位的美术馆。

重新定位美术馆

关山月美术馆建立前，深圳只有一个深圳展览馆，这是深圳最早的一个艺术品展览机构。深圳展览馆建于 1976 年，位于罗湖区东湖公园深圳水库风景区内。深圳经济特区建立后，经市政府批准，深圳展览馆于 1987 年正式更名为深圳美术馆。

关山月美术馆成立后，开始有所创新，提出要探索美术馆从美术展览到学术研究、收藏、展览、审美教育和推广多功能并重的转化，并确定了以关山月艺术研究以及岭南画派研究为主，兼顾国家美术馆的各项功能的学术定位。关山月先生作为中国现代美术事业的重要参与者和见证人之一，他捐赠的美术作品和有关的文献资料，不仅为我们研究其艺术成就提供了难得的条件，也为我们研究 20 世纪中国美术的发展提供了一条宝贵的线索，奠定了关山月美术馆学术特色的基础。

2002 年，为了在美术理论及学术研究上有所突破，在坚持以关山月艺术研究为主的前提下，关山月美术馆又明确把 20 世纪中后期中国画研究作为学术定位，并以年度学术专题的形式，推出了关山月与 20 世纪中后期中国美术研究的系列学术专题展与研讨活动，开展了针对“20 世纪中国人物画”“ 敦煌发现与 20 世纪中国美术史观、美术语言的发展”等课题的学术研究。同时，我们还开展了对齐白石、李苦禅、高剑父等 20 世纪名家的个案研究，以此来深化我们对“关山月与 20 世纪中国美术研究”课题的学术把握。

以“设计”为学术定位

2008 年 12 月 7 日，深圳加入联合国教科文组织全球创意城市网络，成为中国第一个、全球第六个“设计之都”，也是发展中国家中第二个获得这一荣誉称号的城市。

事实上，深圳成为“设计之都”不是一蹴而就的，前面有很长时间的铺垫。关山月美术馆也在其中起了重要的推动作用。

早在 1999 年，关山月美术馆承办了“第九届全国美术展览艺术设计展”，这是在中国艺术设计界具有划时代意义的展览。为了将深圳设计师自发的创造力和相关产业的高速发展的既定优势转化成具有深圳特色的文化品牌，2003 年，关山月美术馆策划举办了以“设计深圳 · 深圳设计”为主题的深圳设计展，在全国设计界引起了很大的反响。展览增进了设计师对深圳文化建设的关注，也促成了深圳市政府关于打造“设计之都”目标的提出。

在 2005 年和 2007 年，关山月美术馆又相继推出了“深圳——’05 平面设计在中国展”“深圳——’07 平面设计在中国展”，进一步深化了在设计艺术方面的探索。2009 年，关山月美术馆承办了第十一届全国美术作品展的设计艺术展。这些展览的举办，强化了关山月美术馆对“当代设计艺术的研究和展览”的学术品牌，为深圳打造“设计之都”做出了贡献。

2006 年，我们在严谨的学术探讨的基础上进一步明确关山月美术馆的学术定位：以关山月艺术与 20 世纪中后期中国美术及当代设计艺术收藏、研究和展览为主要学术方向。关山月美术馆也成为国内第一家将“设计”作为学术定位的美术馆。

肆

目前，“深圳本土优秀美术家推广工程”已举办 6 季，成功推出 48 位深圳本土优秀青年画家。

完善公共艺术教育与服务方式

关山月美术馆成立之初，就请了许多义工来帮忙，那时我们把这个义工团队称为“美术馆之家”。2008 年，关山月美术馆的文化义工队伍加入深圳市义工联，成为深圳市文化系统第一个团体会员。同时，我们制定了《关山月美术馆文化义工服务条例》，用制度来规范义工的具体行为，对进一步提高文化义工的工作和服务水平起到极大的促进作用。2010 年年底，关山月美术馆的“文化义工”项目获得全国美术馆发展扶持计划的“优秀公共推广项目”。

因为我们将公共教育作为目的，所以我们会定期开展美术馆培训、公益性的讲座等活动。每个礼拜六下午我们馆都有个四方沙龙，从 2005 年到现在，已经举办 150 多期了，这个讲座主要是讲述跟艺术有关的内容。

我们还主动走出去，通过开展第二课堂、“艺术进社区、艺术进校园”等系列活动，不断丰富和完善公共艺术教育与服务方式，使美术馆成为公众素质教育的一个重要的平台。

2008 年，我被聘任为关山月美术馆馆长。我提出将美术馆打造成一个集休闲、时尚为一体的公共艺术空间。原来美术馆是殿堂式建筑，要先上楼梯，后来我们通过改造把它推平了，整个感觉就不一样了。2012 年，我还通过招标的形式，邀请了外面的餐饮店进来，比如饭店、茶馆等。市民逛到一半想要休息或者吃点东西，就可以在这用餐。

这样一些措施，不仅满足了市民在新时期对不同层次的美好生活和高品质文化生活的要求，也创新地探索了深圳美术机构在国家美术馆综合配套体系的新模式，有效地吸引了更多市民走进美术馆，参观人数成倍增加。该模式不仅节约财政经费，提升了美术馆的公共文化服务功能，每年还有部分租金收入上缴财政部门。

如今，关山月美术馆正在将档案资料、行政管理等全面数字化，这样能方便专业人员查询，利于做学术研究。未来，每期展览也可通过移动终端看到，这是美术馆扩大影响力的一个途径。这样并非为了让大家在网上看美术作品，美术作品一定要看原作，只是为了让大家多点途径了解展览的内容。

扶持深圳本土优秀美术家

深圳美术发展有个非常特别的点，它是自生的。像大芬村，最初是一名香港画商来大芬村经营油画加工、收购、出口产业。慢慢地，画廊、画家自发地聚集到这个村子里，并形成了油画生产、收购和集中外销一条龙的产业体系。

对于深圳的美术创作者来说，大芬村提供了一个很好的支持系统。比如我们去外地办展览，装框、运输等许多道工序非常复杂，这些事情不是光创作就行了。大芬村因为长期做艺术品的交易，所以已经形成了一个完善的服务体系。我们每次去外地办展览，都是请他们帮我们做一系列安排。有时我们需要什么颜料，打个电话，他们就会送过来，货全质量好，价格还便宜。如果是在一些小地方，有些颜料都买不到。

除了这种得天独厚的条件，深圳也有各种举措扶持新的美术创作者。作为深圳市美术家协会主席，我和其他会员于 2011 年发起了扶持本土优秀青年艺术家的项目——深圳本土优秀美术家推广工程。在市宣传文化发展专项基金的支持下，该推广工程为深圳的优秀青年美术家举办个人画展、学术研讨会，帮他们出版作品集，推出他们的创作成果，推介他们的艺术实践。目前，该工程已举办 6 季，成功推出 48 位深圳本土优秀青年画家。

来深圳这么多年，我从画家转变为管理者、行业促进者，经历了这么多，是我最初来这里所没有想到的。如果当初我留在广州美院做老师，我的人生又是另一番景象。我很感谢深圳，感谢这个时代，让我有机会能跟来自全国甚至全世界的艺术家交流对话，这种交流、对话对我有着很大的提升，我真的很幸运。

口述时间

2019 年 2 月 22 日下午

口述地点

深圳市零售商业行业协会

口述者

花　涛

Hua Tao

1963年12月出生于湖南。深圳市零售商业行业协会执行会长，深圳市政协常务委员。曾荣获“中国商业服务业改革开放三十周年卓越人物”“深圳十大社会组织功勋人物”“广东商业行业特别贡献人物”等众多荣誉评号。带领协会制定11项国家级行业标准，为行业规范化做出重要贡献；在全国首创“食品安全规范管理店”评审体系，是以行业自律促发展的典型项目；发起中国品牌发展公益基金，创始“中国品牌连锁发展大会”，成为品牌领域首屈一指的专业会议；发起“深圳手信”城市公共服务品牌，推动深圳特色消费增长点打造和行业转型升级。

在深圳，如果你想要做什么，总有机会做成。很多其他城市的零售商业行业协会常常问我们，为什么你们总能先人一步？不是我们厉害，而是深圳这座城市太会创新。

花　涛：
助推深圳零售行业健康发展

壹

深圳这座城市压根不在乎你的出身，拼搏努力才是每个人的立身之本。

而立之年勇闯深圳

20 世纪 80 年代后期，深圳的改革开放进行得如火如荼，在许多年轻人心中，深圳是一个充满活力和机会的城市，年轻人完全可以靠自己的能力打拼出一片天地，当时正在武汉水利电力学院（现已并入武汉大学）读硕士研究生的我非常向往深圳。

1990 年，临近毕业时，我到深圳找工作，然而很遗憾，当时没有找到合适的单位。毕业后，我被分配到广东省电力局下属的技术部门工作，但深圳对我的吸引力丝毫不减。1994 年，在广州工作了三年多之后，我离开原单位，进入了当时的深圳市贸易发展局对外经济贸易服务中心工作。

真正来到深圳之后，我才感受到这座城市的魅力所在。此前我花了将近两年的时间，才学了一口蹩脚的粤语。然而来到深圳后，我发现粤语压根无用武之地，大家都来自五湖四海。更让我感受深刻的是，这座城市压根不在乎你的出身，拼搏努力才是每个人的立身之本。

来到深圳时，我已过而立之年，从最基层的负责培训报名工作开始，一直兢兢业业。三年之后，我被提拔为对外经济贸易服务中心培训科科长，有了编制，落了户口，真正在深圳扎下了根。

行业协会顺势而生

1997 年，我和深圳市贸易发展局的同事一起，组织深圳企业代表团赴国外参展。展览结束后，我们取道美国，考察先进企业。当时其他三个同事都被美国拒签了，只剩下我一人服务 170 多人的深圳企业代表团。行程非常紧张，大家每天 5 点多就要起床，赶往市区参观考察，凌晨两三点后才能睡觉。但是深圳企业代表团的成员都特别团结，不但毫无怨言，还帮助我一起开展工作。在这个过程中，我与许多企业的代表成为朋友。

从国外办展回来后不久，有领导找到我，询问我是否愿意参与筹建深圳市零售商业行业协会。

彼时，沃尔玛和家乐福等外资企业进驻深圳，在带来先进经营理念和技术的同时，也对本土企业造成了巨大的竞争压力，不少本土企业顶不住外资企业带来的冲击，多次请政府出面进行协调。深圳市政府极具超前的市场经济意识，明白必须通过成立行业协会，来协调企业之间的矛盾，让行业在急剧变化的过程中保持良好的发展秩序。

我曾研读经济学方面的书籍，了解在市场经济下，行业协会是整个经济社会运转时不可或缺的一部分。深圳作为中国改革开放的窗口，市场化程度很高，我意识到行业协会必然大有作为。考虑清楚后，很快就给了领导肯定的答复。

1997 年 7 月，深圳内外资企业联合成立了深圳市零售商业行业协会，我则担任了创会常务副秘书长一职。

为企业与政府搭建沟通桥梁

早年，领导找我筹建协会时就曾说：“你们要敢于代表行业向政府争取利益！”

2001 年，一家连锁企业老板给我打电话，告诉我随着连锁企业的规模变大，政府原有的管理模式不能适应形势发展。以纳税为例，按纳税管理规定只能实行单店纳税，但他有多家连锁店，且单店没有独立核算，如果按单店核算，不但要增加大量财务人员，而且还要跑好几个区找多家行政部门，还必须向每个部门交纳几十本账务记录，税务部门核实账本又需要几十天，如此一来，造成企业无法及时纳税，又将面临处罚。

在知道这个情况后，我们调研了多家企业，发现这种既增加企业管理成本，又造成政府行政成本浪费的情况大量存在，皆是由于没有考虑到商业连锁新模式造成的。

我们及时将情况反馈给有关部门，并走访了 19 个相关部门，经过多次沟通，最终促成了《支持连锁业发展的若干措施》出台，连锁企业首次实现统一纳税、统一年审。此事受到了外界的高度评价。由于行业协会对本行业极度熟悉，在出现问题时能够迅速全面地掌握信息，在政府与企业、行业内企业以及本行业与其他行业之间架起了一座桥梁。

深圳在大力发展行业协会方面秉持着“有所为、有所不为”的理念，为深圳零售商业行业协会带来了宽松的发展环境，也为深圳零售业提供了自由竞争的商业环境。在这种氛围下，企业发展遇到困难，都主动找协会帮忙解决，而我们也在为会员企业发声和解决实实在在的问题中感到充实和满足。

贰

站在全行业的高度，我们必须消除企业之间的壁垒，让他们取长补短，共同提高整个零售行业的水平。

把好食品安全关

2004 年，我开始担任深圳市零售行业协会会长一职。

早年，行业协会一直与政府有着密切的关联，但深圳市委市政府一直在推进行业协会民间化、市场化改革。这一年，市委市政府下定决心贯彻改革，所有在行业协会兼职的政府官员必须在当年 12 月底前做出决断，要么回机关，要么脱离公务员身份到协会工作。

我当时毫不犹豫地选择了留在协会，这个决定让很多人无法理解。但我一直认为，民间组织机构参与社会管理是一种趋势，从实践来看，这种模式有利于提高社会管理效率，我认为在协会工作更有意义。此后，行业协会彻底脱离行政襁褓，开始成为社会主义市场经济中的“第三力量”。

当时，尽管企业联合成立了协会，但会员企业之间仍是竞争对手的关系，常常用一些竞争手段打压对方。我们意识到，恶性竞争始终不是一个行业良性发展的基础，站在全行业的高度，必须消除企业之间的壁垒，让它们取长补短，共同提高整个零售行业的水平。

我们为此制定了许多行业标准，其中最为重要的一项就是 2012 年编制的《深圳市零售商场食品安全管理控制规范》。

“民以食为天，食以安为先”，食品安全是消费者最关心的议题，对于销售终端的零售商场来说，背后是几万家供应商，稍有纰漏就会出大问题，更应该为消费者把好食品安全最后一道关。

早在 2009 年，我们就开始关注食品安全问题。当时为了促进商场之间的交流，我们每隔两个月就召集各商场的食品安全负责人开会，引导他们交流。差不多开了十次会，各商场终于达成共识，要一起制定一个高于国家标准的行业标准，让消费者更放心。

之后我们调研走访各商场，参照国内外主要标准和专家意见，通过会员企业的多次表决，最终形成了《深圳市零售商场食品安全管理控制规范》，这是国内第一部针对零售商场食品安全管理的规范性标准。

高标准，严执行

有了标准，怎么让商场严格执行呢？我们又创建了“深圳食品安全规范管理店评审体系”，制定了一系列评审条例。

一是每项评分标准由各企业共同讨论决定，严格限制评审员的自由裁量权；二是评审员必须由各参评商场委派本商场负责食品安全的人员担任，既保证评审员的专业性，又避免评审员放任自流；三是每个评审组必须由三位以上来自不同商场的评审员组成，采用随机抽签方式分组，不允许出现互评的情况，以避免不公；四是在评审现场对所有不合格项必须拍照或录像，留存证据，现场评审结果同时由被评商场负责人现场签字确认，避免争议纠纷。

一整套评审机制下来后，各商场之间评审之严格，超出我们的预期。有一次，评审员们在一家商场检查推车是否清洁、消毒到位，正准备打分时，商场工作人员推来了一串推车。一位评审员非常眼尖，发现其中一辆推车中有一粒米，有两个评审员认为一粒米无伤大雅，但是另外一位评审员非常严格，表示在自己的企业中绝对不会允许出现这种情况，最后，那家商场因为这粒米被扣了 0.33 分，直接导致该商场没有通过那一年度的评审。

此外，由于评审员都是各个商场的食品安全负责人，在食品安全方面经验极其丰富，对商场存在的问题一抓一个准。长此以往，全行业食品安全管理整体水平逐渐提高到了更高的水准。

2014 年，《深圳市零售商场食品安全管理控制规范》被列为国家级食品安全管理标准，成为深圳零售行业在全国的一张新名片。

叁

勇于拼搏、创新包容，这些深圳人共有的特性构成了深圳文化的基本元素，所以我们就决定以“深圳精神”打造“深圳手信”。

以“深圳精神”打造“深圳手信”

我们每年都会请专业的调查公司进行深圳居民赴港消费情况调查。连续几年的调查数据显示，每年深圳市民赴港购物的消费总额保守估计能达到三四百亿人民币，大约是深圳市每年社会消费品零售总额的 10% 以上，而且这个数字还在逐年增加。

那时，据旅游部门统计，深圳每年接待过亿商旅游客，并有数千万次节庆返乡客流，旅游六项指标中的“吃、住、行、游、娱”这五项都在全国领先，只有“购”这一项非常落后。

我们当时就想，如果这些人都能留在深圳消费，那就可以大大地拉动深圳的消费！但是深圳有什么特色礼品可以送人？不仅是游客，很多深圳人都被这个问题难住了。

于是从 2009 年开始，我们就有了“打造深圳特色产品”的想法，但因条件不具备而暂时搁浅。2012 年，在深圳购物节的启动仪式上，当时的市领导提出“深圳应该有自己的特产，去更好地满足消费者的需求”。我听到后一激灵，这正与我们之前的想法不谋而合。

获得了政府的支持后，我们制定了十年的发展规划，号召协会的会员企业一起做这件事，“深圳手信”项目由此诞生。

后来我们就研究在消费者心中到底什么能代表深圳，层层剖析之后，我们发现，深圳有的东西基本全国各地都有得卖，只有一样独一无二的，那就是“深圳精神”。

敢想敢闯敢干、勇于拼搏、包容创新，这些深圳人共有的特性构成了深圳文化的基本元素，每一个来深建设者心中燃烧着熊熊烈火，奔赴梦想，用热情、激情与无限创造力点燃深圳这座城，这就是深圳的基因、深圳的精神。所以我们就决定把深圳人的实干和创新精神注入“深圳手信”之中。

我们还选了深圳市花簕杜鹃做设计元素，簕杜鹃是一种生命力极其顽强的花，开花时热烈奔放，像极了深圳人。

从 2012 年起，我们花了 4 年时间做市场宣传推广，让市民逐步认可“深圳手信”。直到 2016 年 12 月，举行了深圳手信节启动暨深圳手信商城上线仪式。那一天，深圳数百家零售、连锁企业开放各自的终端门店，联手推广深圳手信，参与门店达到一万多家，深圳人从此有了自己的“特产”。

智慧零售推动深圳零售业再上新台阶

我们作为一个行业协会，对整个行业的发展必须具有一定的前瞻性。

早在2014年，业界就开始了关于零售业转型的讨论。由于常常接触智慧零售创新的先行者、推动者，我们得出了这样的判断：随着5G网络铺开，物联网应用逐渐广泛，大数据、云计算、人工智能、VR等新兴技术将发挥出巨大威力，零售行业数字化水平将迅速提升，产生颠覆性变革。而转变的绝不只是原有的零售企业，物业公司、智能家居与智能家电企业、供应链企业，甚至是原先的技术服务商，一切能粘住顾客、拥有用户数据者都可能成为智慧零售时代的新生力量。

于是，在2016年8月，我们注册了深圳市智慧零售协会，帮助企业打通和集成线上、线下、物流、技术的数据。

2018年，全国第一届智慧零售大会在深圳召开。深圳作为全国高新科技重地，现代零售业的发展也一直处于领先地位，同时拥有多个优势消费产业集群和强大的金融行业，先天条件十分优厚。

未来零售行业的发展道路如何，我们只能看到大趋势，却并不能看得十分清晰，影响行业发展的因素太多。我们唯一能做的就是保持探索的精神，跟上时代的发展步伐，助力深圳零售企业再上新台阶。

口述时间

2019年4月16日下午

口述地点

恒裕商务大厦5楼

口述者

郑宏杰

Zheng Hongjie

河南永城人，1957年7月出生，中共党员，1975年4月参加工作，硕士研究生学历，高级政工师职称。1996年12月至1999年10月任深圳建设投资控股公司副总裁；1999年11月至2003年4月任深圳市特发集团有限公司总经理、董事长、党委书记；2003年5月至2005年6月任深圳市投资管理公司副总裁；2005年6月至2009年12月任深圳市盐田港集团有限公司董事、总经理；2010年1月至2013年4月任深圳市前海深港现代服务业合作区管理局局长。2013年5月任深圳市发展和改革委员会副主任（巡视员）直至退休。

我 1994 年来到深圳工作，一晃 25 年过去了。深圳是一座敢闯敢试的城市，始终站在改革开放最前沿。当年，“改革开放第一炮”在深圳蛇口炸响，如今，与蛇口一山之隔的前海，又走在了新时代中国改革开放的前沿。在我眼里，深圳是一个让人相信“中国梦”可期待的地方。

郑宏杰：
在前海实现自己的梦想和价值

壹

我们这一代人经历了很多，但还是向往有“梦想”的地方。

对深圳念念不忘

1987 年，我跟随共青团安徽省委的一个代表团到广东和福建的改革开放前沿地学习。那是我第一次来深圳，当时深南大道还没完全修通，我站在现在的上海宾馆位置，往东看到了一片一片的脚手架，到处都是热火朝天、充满活力的建设场面。这给了我很大的震撼，留下深刻的印象。

我们这一代人经历了很多，但还是向往有“梦想”的地方。回去之后我心里对深圳念念不忘，一直在想着有没有机会到深圳工作，能不能也投入到这样热火朝天的建设氛围中。这些想法一直萦绕在脑际，也是我来深圳最大的一个动力。

1994 年，我正式来到深圳工作。站在深南大道上看着车水马龙，我不知道前面等待我的是什么，只知道这里就是我今后的奋斗之地。我在深圳的大部分时间都在大型国有企业工作，基本上是 3 年换一个地方，直到进入盐田港集团，待了近 5 年时间。

一晃 25 年过去了，深圳是我这辈子生活和工作时间最长的地方。我从来都是无条件服从组织的安排和调动，组织需要我去哪儿，我就去哪儿。无论条件好坏，每一次工作变动，对我来说都是一次学习锻炼、丰富阅历的机会。虽然我头发很早就白了，但我从未觉得自己虚度光阴，内心至今充满着深圳这座城市带给我的激情和活力。

调任前海开始创业之路

2010 年年初，时任深圳市委领导找我谈话，让我出任前海深港现代服务业合作区管理局（下文称“前海管理局”）局长。我当时一愣，心里有点打鼓。我说我还不知道前海在哪，领导告诉我说：“就在西边，靠珠江出海口，月亮湾大道那边，你可以去看看。”于是，当天下午我就开车到前海，去之前心里没数，进去一看，就是一片滩涂地，心里更没有底了。我知道要从无到有、从虚到实来建设前海，要把一片荒芜的滩涂地变成一个现代化的、走在国家改革开放前沿的深港合作区，这可是一个不小的挑战。

当有朋友得知我要去前海的消息，面对前海的“一片空白”，有人劝我留在盐田港，那里的环境、条件和待遇都比较稳定，何况当时我也 50 多岁了，没有必要再去闯、再去试。但我在企业工作了近 20 年，熟悉市场、熟悉政策，与当时前海管理局的发展定位非常吻合。我想，既然组织选择了我，说明组织信任我、需要我，只要勤勉用心，不怕闯不出一片天地。

2010 年 1 月 22 日，我被正式任命为前海深港现代服务业合作区管理局局长，试用期一年，王玉国任副局长，另一名副局长由当时的南山区常务副区长王克力兼任。还有从盐田港过来的沈华新、王悦两位同志，就这样，我们开始了前海的创业之路。

贰

前海的前三年，制度设计、建设规划、政策制定、招商引资一直是最重要、最基础的工作。

333 个集装箱组装成前海管理局办公楼

前海依山伴海，区位及自然资源条件十分优越，具有大小南山和前海湾海岸的生态景观资源；同时这里临近香港，地处珠三角的地理核心，集合了海陆空综合型交通枢纽，使其成为深港合作的首选，也是深圳乃至珠三角地区的战略要地。

前海管理局刚成立时，没有办公地点。我们刚在市里开完会，就提着包站着讨论，有时在车里写材料，晚上再回盐田港打印。后来向地铁集团借了一间办公室，前后辗转 3 次，办公条件才有了改善。随着建设的提速，管理局决定把办公楼搬到一线，333 个退役集装箱被就地搭配组装成现在的前海管理局办公楼。

制度设计规划设计先行

前海的开拓红红火火，除了基础建设，制度设计、政策制定和招商引资也紧锣密鼓地同步展开。而最为重要、最为关键的是前海的制度创新，前海的定位、方向在哪里?

2009 年，深圳曾组织多个部门筹划前海规划，分解成多个专题研究前海的定位、产业发展，但直到我到任时还在修改。起初半年，市政府主要领导带着我们逐字逐句修改规划，经常从早上讨论到晚上，午饭就一个快餐解决。正是通过这样的努力，最后才拿出一份有分量、有格局、能操作的好规划。

2010 年 8 月，《前海深港现代服务业合作区总体发展规划》获国务院批复，正式将前海开发上升为国家战略，确定了前海的战略定位和发展目标。外界也第一次全面清晰了解到前海的样貌：四大定位、四大产业、三区两带、打造法治示范区、配套优惠政策。《前海深港现代服务业合作区总体发展规划》的出台让前海马上成为各界焦点，为接下来的建设和发展奠定坚实基础，这也是我们前海人第一年收获的重要成果。

叁

前海必须牢牢扣住她的使命，发挥集聚区、引领区、先导区于一体的功能，要在深圳的发展中一马当先。

特区中的特区

尽管《前海深港现代服务业合作区总体发展规划》获批，但彼时前海建设还停留在概念阶段。基础设施建设、体制机制创新、优惠政策、招商引资几乎一片空白，外界期待的同时有更多的质疑。如何让概念变为现实，我们感觉压力非常大，需要加快步伐，同步推进各项工作。

2011 年，《前海合作区条例》《前海管理局暂行办法》《前海湾保税港区管理暂行办法》相继出台，系列创新举措为前海的未来发展搭建框架，确立前海管理局作为法定机构的角色，明确前海在产业、法制、土地、财税上先行先试的方向。其中重点在“税”“法”“人”三个字上做文章。

方向确定，还需要“制度支持”。2012 年 6 月 29 日，国家发展和改革委员会在香港公布了中央政府支持前海开发开放的最新政策，在深圳前海实行比经济特区更加特殊的先行先试政策，内容涉及金融、财税、法制、人才、教育医疗以及电信等 6 个方面共 22 条。其中金融创新方面着墨最多，共 8 条内容，主要是支持前海在金融改革创新方面先行先试，建设中国金融业对外开放试验示范窗口。

这 6 个方面的先行先试政策，构建了前海比经济特区更特殊的区域政策框架体系，奠定了打造深港趋同的国际营商环境的基础条件。这一政策体系的确立，体现了中央政府对前海开发开放的高度重视，也表明了前海开发开放的独特地位。

其实，前海刚开始提出的政策有 50 多条，本着先易后难、先简后繁的原则，经过有关部委反复讨论，最终国务院批复了 22 条。最初的政策拟定，我们很多都是借鉴香港方面的经验，再结合内地改革开放的需求，既要吸取，又要创新，更要切合实际。我们广泛地听取和收集各行各业的意见，将建议归纳整理，找部门商讨，找专家论证。因为涉及金融、法律、教育、人才、信息等多方面政策，很多建议要到部委层面沟通和汇报，需要国家层面来认可，最多时一个星期跑三趟北京。前海 22 条政策成功批复，我们前海人一方面备受鼓舞，另一方面也感到责任重大，可以说中央给了我们最新的、最特殊、最开放的政策，能不能干好，就看我们自己了。

要在深圳发展中一马当先

前海人有前海梦，前海梦是中国梦的一部分。当年大家对前海的期待非常高，中国的“曼哈顿”“银座”“金融城”，什么赞美之词都有。记者也这样问过我，我跟他们说，前海就是前海，既不是曼哈顿，也不是金融城。前海的战略定位，决定了她是中国改革开放未来 30 年的创新试验田，发展的突破口。前海还承担探索改革开放、科学发展的新路子，探索深港合作的新途径，探索转变经济发展方式的新经验等重大使命。前海必须牢牢扣住她的使命，发挥集聚区、引领区、先导区于一体的功能，要在深圳的发展中一马当先。

现在，前海将在推进粤港澳大湾区建设中发挥重要作用，她仍然担负着探索者、引领者和开拓者的责任，粤港澳大湾区的建设也会使她更好。目前，前海的很多政策和制度都被推广应用于粤港澳大湾区的建设，这都是前海人曾经的心血、智慧和汗水凝结而成的。所以在我看来，现在前海的使命不但不减，而且更高、更新、更光荣。现在前海的规划也在做一些修整，随着时代的发展，我相信她会越来越好。

肆

前海 3 年是我在深圳这 25 年中最忙、最累、最辛苦，但也是最兴奋的 3 年。

在前海实现梦想和价值

前海人要有前海梦，每一个来前海应聘的人我都让他做一篇文章。“我来前海”这是一个必答题，还有 9 个选答题，例如“前海建设之我见”“前海政策之我见”“前海文化之我见”等，而且都要求用双语做答。来前海做什么？怎么去做？建设一个怎样的前海？我们通过考试，一来可以统一前海人的思想，二来可以检验认知水平及工作能力。我还要求前海人能用两种以上语言介绍前海，当介绍第一百遍的时候还能像第一遍那样充满热情。你想想，你自己都不感动，怎么能让来访者感动？

在前海工作的每个人都很辛苦、很努力、很勤勉。我们经常通宵达旦地讨论。有一次围绕前海条例的制订等工作，我们从晚上讨论到次日凌晨 5 时。外界对前海的期待越来越高，我们的压力越来越大，大部分时间我基本上每天只睡几个小时，更不敢生病，病了疼着也忍着。上门来了解前海的人很多，每个工作人员都不厌其烦地介绍前海，推销前海，让各界了解前海，也让前海了解各界。我们一天最多接待过 11 批客人，三五批是正常的。现在看来，当初来前海建设的这一批青年，虽然环境艰苦、面临的工作压力很大，但是成长和进步也特别快。

在前海的 3 年是我在深圳这 25 年最忙、最累、最辛苦，但也是最兴奋的 3 年。参与前海建设的每一个人都很兴奋，因为在前海这片土地能实现自己的梦想和价值，当时我们都觉得这就是前海梦。

深圳是一座了不起的城市

2010 年我 53 岁到任前海。2013 年，我的身体出现不适，一旦长时间保持某个动作或者姿势不对，胸背就疼。刚开始是一个月疼一次，后来一个星期疼一次，最后一天能疼几次，这让我觉得身体有点吃力。2013 年 4 月，我决定离开前海，并向市领导报告了我的想法。虽然很不舍，但一个事业，总得后浪推前浪。我想我就这点能耐，为前海的创立打好基础，是时候离开让年轻人接手了，他们会干得更好。现在回过头看，在前海工作的 3 年多时间里，自己尽心了、努力了，做出来的成果也算是交上了一份令组织和自己都比较满意的答卷。

当时我离开的时候曾说过，“捧着一颗心来，不带一根草去”，我还会继续关注前海的成长，充满着愉快和遐想。现在，有时候我会自己一个人到前海的大堤上坐坐，到前海石和前海公园走走，看着前海热火朝天、大楼耸立的样子，心里无比欣慰和快乐，毕竟，我曾为她付出过心血和汗水。

勤勉、勤奋、勤劳，是前海人的写照；敢想、敢干、敢当，成就了深圳的今天。我之前也总是这么要求自己和同事，这些都是深圳和深圳人这么多年充满活力、积极进取、长盛不衰的动力。深圳这座城市，真的了不起。

口述时间
2019年8月15日上午

口述地点
深圳市卫光生物制品股份有限公司

口——述——者

张 战

Zhang Zhan

1972年1月出生于湖北黄石，1994年毕业于武汉大学生物系。现任深圳市卫光生物制品股份有限公司党委书记、代理董事长、总经理，深圳市政府特殊津贴专家，深圳市卓越工程师，深圳市五一劳动奖章获得者。在生物医药领域工作20余年，曾带领团队完成国家科技部863计划重大项目“SARS特异性免疫球蛋白的研制”，该药是全世界第一个治疗SARS的特效药，被国家列入战略性技术储备及治疗药品储备。

我将人生中最美好的青春年华都奉献给了深圳，而深圳也以包容、热情、实干和创新鼓舞着我一路向前。从初出茅庐的大学生，到一家上市公司的负责人，深圳给了我机遇 ，也滋养了我的感恩之心、敬畏之心和进取之心。我将永怀蓬勃向上的开拓精神，在生物医药行业继续服务大众。

张　战：

精耕生物医药领域，攀登湾区行业高峰

壹

第一次上生物实验课时，我在实验台上看到了水稻的染色体，那一瞬间，一种对生命的敬畏感在我心中油然而生。

选择生物研究作为一生的专业

在长江南岸，有一座以矿冶文化闻名的城市——黄石，我就在那里出生长大。我的父亲是一名军人，我从小就浸染于父亲吃苦耐劳、遵守纪律、雷厉风行的作风之中，这对我之后的生活和事业产生了不可磨灭的影响。

幼时，我便喜爱与动植物打交道。1990 年，我考入了武汉大学生物系。记得在大学里第一次上生物实验课时，我在实验台上看到了水稻的染色体，那一瞬间，一种对生命的敬畏感油然而生，我感觉自己真正接触到了生命的核心。从此，生物从兴趣变成了我一生钻研的专业。

1994 年大学毕业后，当时我有三个就业选择：老家的卫生局、青岛的医药公司和深圳的卫武光明生物制品厂（现为深圳市卫光生物制品股份有限公司，以下简称“卫光生物”）。20 世纪 90 年代初，深圳作为改革开放的一个窗口，创造了很多奇迹，让我们这些年轻人都十分向往，而且当时的深圳市卫武光明生物制品厂是与武汉生物制品研究所合营的一家企业，武汉生物制品研究所是国家当时技术实力最强的六大生物制品研究所之一，基于这两点的考量，我坚定地选择了来深圳。

初到光明，条件艰苦

1994 年，武汉到深圳还没有直达列车。我先是坐火车到了广州，再由同事把我接到单位。下午 6 点多，我就到了广州，而直到半夜三更，我们才到达位于光明农场的卫光生物。因为天黑得早，一路上什么风光我都没看到，只知道从坑坑洼洼的国道换到了颠簸的乡间小路。

等到第二天，我起床一看，发现单位四周全是农田，空气中弥漫着青草和牛羊混合的味道。这与我们想象中的繁华深圳相去甚远。那时，卫光生物只有一栋四层高的生产车间，但已经是整个光明农场为数不多的楼房之一。农场唯一的一路公交车到市区来回需要花 5 个多小时。我们偶尔得空去一趟市区，市区的繁华更是与农场的清冷形成了鲜明的对比。

工作内容也与想象的有落差。那时单位正在研制狂犬病疫苗，我的第一份工作就是每天清洗培养器皿，给狂犬病疫苗的培养基进行配液、消毒，做的都是非常基础的工作，失落感渐渐在我心里萌芽。

贰

“21 世纪是生命科学的世纪，我们从事的正是蓬勃发展的朝阳行业。年轻人要把目光放长远，大学生更应该从基层做起，从最艰苦的岗位做起。”

脚踏实地，扎根光明

大半年之后，之前分配来的大学生有不少人都选择了离开，我思想上也有了一些动摇。

当时恰好开了一次新员工座谈会，20 世纪 70 年代大学毕业就来到光明的老厂长在会上说道：“21 世纪是生命科学的世纪，我们从事的正是蓬勃发展的朝阳行业。生物医药行业是为人类健康服务的，年轻人要把目光放长远，大学生更应该从基层做起，从最艰苦的岗位做起，脚踏实地，认认真真做好眼前的事情，不愁没有机会。”

老厂长这番话打消了我的疑虑，那时父母也告诫我大学生不应该眼高手低，认真思索之后，我心甘情愿地留在了光明，扎根在生产一线，开始了在生物制药道路上的探索和前行。

自主开发静注人免疫球蛋白

早年，卫光生物仅有人血白蛋白一种血液制品上市，生产成本高、经济效益差，亟须开发新的产品。那时我正在血液制剂室负责产品研发，和团队攻克的第一个产品就是冻干静注人免疫球蛋白。

静注人免疫球蛋白是从健康人的血浆中提取出来的免疫球蛋白，对所有因免疫系统受损而造成的疾病都有非常好的疗效。如果把血液制品行业比作一顶皇冠，那么静注人免疫球蛋白就是皇冠顶部最闪亮的明珠，直到目前，它都还是国际血液制品中极其重要的一个产品。

1997 年，我们的团队和武汉生物制品研究所同时开始研发静注人免疫球蛋白。两年后，我们率先研制成功，并拿到了生产批文。在此之前，卫光生物所有的生产技术都来源于武汉生物制品研究所，自己本身缺乏独立研发的能力。从静注人免疫球蛋白这个产品开始，我们拓展了产品种类，也逐步减少了对武汉生物制品研究所的技术依赖，走上了自主研发的道路。

成为最年轻的血液制剂室主任

研发静注人免疫球蛋白的几年间，我的专业能力也得到了较大的提升，并开始在单位里崭露头角。

2000年，血液制剂室主任被提拔为总工程师，主任一职便空缺了出来。当时我只是车间的一名技术员，比我资历深的前辈员工有不少，但也许是初生牛犊不怕虎，凭着一股年轻人的闯劲，我向当时的厂长写了一封自荐信。在信里，我洋洋洒洒地写了自己的职业规划、人生理想和“施政纲领”。

交完信后，我并没有抱太大的希望，依旧在车间勤勤恳恳地做着自己的本职工作。出乎意料的是，没过多久单位的任命就下来了，当时年仅28岁的我成为行业内最年轻的血液制剂室主任。

从那时起，我开始承担起公司血液制品生产、研发的重任，我也在心里暗下决心：一定要把卫光生物的血液制品做到全国前列。

叁

卫光生物是全世界第一家研制出SARS特异性免疫球蛋白的企业，打响了在全国生物医药行业扩大知名度的第一枪。

争分夺秒研制SARS特效药

2003年，“非典”肆虐。面对突如其来的SARS，许多传统的治疗方法已无法见效，必须研制出针对SARS病毒的特效药。卫光生物当即决定向国家科技部申请国家高技术研究发展计划（863计划）项目。

那时卫光生物还只是一个不知名的小企业，但是深圳市委、市政府给了我们极大的支持，报告很快就呈到了国家科技部。2003年3月，卫光生物收到了国家科技部的项目批准，当时公司上下既感到无比光荣，同时也深觉压力巨大，我们必须与时间赛跑！

通过查阅过往的案例和文献，我们发现使用康复期患者的血清可以有效地治疗一些不明原因的疾病，当时也有报道显示有SARS患者通过血清疗法康复。但是康复期患者的血清未经提纯，抗体效价水平不高，还有传播其他疾病的风险，与血清相比，特异性免疫球蛋白由于在提取过程中采用了专门的病毒灭活工艺，安全性大大提高，抗体效价较高而且水平均一。

而且我们本身就是专业研制免疫球蛋白的，所以我们当时就制定了“从康复期患者的血液中提取免疫球蛋白”的制药方案。

研制全新免疫球蛋白提取工艺

制药方案确定了，但是问题也随之而来：用什么方法提取治疗 SARS 的免疫球蛋白？传统的提取工艺是盐析法，但是会大大降低免疫球蛋白产品的效价，而且也无法确保产品百分之百没有感染性。

我们了解到彼时国外最新的血液制品工艺是层析法，经过多方面考量，我们制定了一套全新的工艺：采用低温乙醇法和离子交换层析相结合的工艺进行分离提纯，在提纯的过程中对血浆进行 S/D 病毒灭活，对原液进行纳米膜过滤去除病毒。

我们先用普通的血浆做了大量的模拟实验，证实新工艺完全没有问题后，就准备采集康复期患者的血浆进行制备。我们在医院的记录中发现，有一位海鲜档的老板是个“强感染源”，而他本人却康复了，这证明他的血浆中含有极高效价的抗体。但是当我们上门去拜访这位老板时，他本人却因为“非典”的阴影，对这件事非常抵触。

当时我们也是抱着一种信念，非常真诚地向他解释这件事的重大意义。精诚所至，金石为开，经过十几次的拜访后，那位老板终于同意了提供血浆。最终，我们采集到了 40 多人份的 SARS 康复期患者血浆，每一份都可谓千金难买。

SARS 治疗特效药在深圳研制成功

有了血浆，即使冒着被感染的风险，我们也义无反顾地全身心投入到了 SARS 特异性免疫球蛋白的研制中。当时我们在实验室里一待就是几天几夜，也不敢回家，生怕把病毒带给家人，团队的成员互相开玩笑说：“如果感染了，刚好做第一个药物试验者。”

不到一个月的时间，我们就研制出了 SARS 特异性免疫球蛋白，经过权威部门检测，产品能特异性地中和 SARS 病毒，达到临床治疗效果，这是全世界第一个治疗 SARS 的特效药，打响了卫光生物在全国生物医药行业扩大知名度的第一枪。

2003 年 7 月，“SARS 特异性免疫球蛋白研制项目总结会议”在深圳五洲宾馆召开，我们的“SARS 特异性免疫球蛋白”研制工艺和产品本身，被国家列入战略性技术储备及治疗药品储备。当时我作为项目的技术负责人，在会上向来自全国各地的权威专家做了报告，并得到了一致的认可和高度评价。

此后，我继续带领技术团队陆续成功自主研发了纤维蛋白原、乙肝免疫球蛋白等新产品，并全部实现产业化。卫光生物的上市产品由 1 个品种发展到 9 个品种 21 种规格，成为国内拥有产品种类最多的血液制品生产厂家之一。

肆

这就是深圳速度、深圳精神。

一路向前，攀登行业高峰

2010 年，我被提拔为公司的副总经理，开始更多地参与技术管理工作。

2011 年，新版《药品生产质量管理规范》正式颁布，推动全国的制药行业与国际接轨。为了提升硬件水平，公司决定投资 2.5 亿元建设新的血液制品车间，由我来负责项目的建设工作。

那时有不少制药公司停掉原先的生产线，全力建设新生产线。但是我带领团队成员，努力做到生产、建设两不误，在安全、高质量建设新生产线的同时，原先的生产线经营每年都创新高，在当时的行业内被视为一项奇迹。

经过不到 2 年的艰苦奋战，一座集国内外先进设计和一流设备的新车间拔地而起，并且顺利通过了国家新版《药品生产质量管理规范》认证，批量投产也是一次成功，产品质量达到国内领先水平。

当时，新车间建设完成后，有同行来参观，当得知我们的建设如此高效高质量，都非常吃惊，我告诉他们，这就是深圳速度、深圳精神。

同时，我和同事们一起陆续创建了广东省院士专家工作站、广东省蛋白质（多肽）分离纯化工程技术研究开发中心、博士后创新实践基地、深圳市示范性劳模创新工作室等平台，公司影响力不断提升。

2017 年 6 月 16 日，卫光生物在深圳证券交易所中小企业板敲钟上市，此后不断扩大生产规模，提高自身产业水平。

继《粤港澳大湾区发展规划纲要》发布之后，《中共中央国务院关于支持深圳建设中国特色社会主义先行示范区的意见》近期又出台，赋予了深圳重大使命。我将珍惜并抓住这一历史性发展机遇，常怀感恩之心、敬畏之心和进取之心，带领广大员工攻坚克难，砥砺前行，把卫光生物发展建设成为粤港澳大湾区生物医药龙头企业，为人民的健康事业做出更大的贡献。

口述时间

2019 年 10 月 16 日上午

口述地点

深圳市第三人民医院

口——述——者

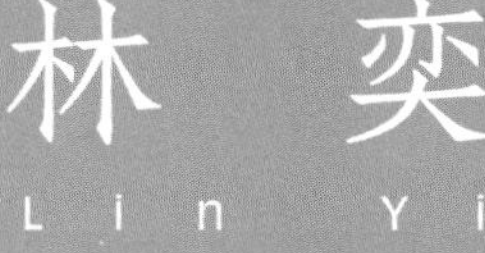

1969年生于福建省福州市，中国共产党党员。现任深圳市第三人民医院（南方科技大学第二附属医院）肺病医学中心科护士长、中国防痨协会临床专业委员会委员、全国结核病医院联盟护理工作组委员、广东省护理学会内科专业委员会委员、深圳市护理学会医院感染管理专委会副主委、深圳市护士协会教育分会委员。2003年被授予全国“三八”红旗手荣誉称号，同时还获得了广东省委省政府授予的“抗击非典”一等功臣称号和深圳市委、市政府授予的“抗击非典”突出贡献勋章。2008年获聘为深圳大学医学部护理学专业临床兼职教师。主持市级课题2项，以第一作者在核心期刊发表学术论文近20篇，参与编写著作3部。

我 1994 年来到深圳，作为一名普普通通的护士，在平凡的岗位上，感受着人生百味，奉献着自己的爱心，收获着自己的快乐。俗话说，“三分治疗，七分护理”，护理质量的高低与患者的生命健康息息相关，直接影响着医院的医疗质量，在优质护理服务上，深圳已经走在了全国的前列。近年来，深圳医疗卫生事业取得长足发展，这与改革开放取得的丰硕成果密不可分。

林　奕：
坚守平凡岗位，为患者提供优质护理

壹

尽管没有处方权，但护士也是不可或缺的医疗工作者，也承担着救助病人的神圣职责。

一心想成医生却做了护士

1969 年，我出生在福建福州，父亲在雕刻厂工作，母亲是当地剧团的一名医生。与很多家庭一样，我是在严父慈母的环境中成长起来的，父母从小就教育我们，做人要勤奋上进，做事要踏实敬业，待人要真诚友善。

上小学时，有一次我在江边玩耍，不小心掉入湍急的河流，差点被冲走，幸好有一位工人伯伯不顾一切跳下河将我救起。这让我第一次对“见义勇为”有了理解，心想今后他人遇到困难时，我也应当挺身而出。

1987 年，我参加高考，当时是先填报志愿再参加考试。我的父母认为女孩子应该有一份稳定的工作，最好当教师或医生。母亲本身就是一名医生，所以我报考了中山医科大学（现已并入中山大学）的口腔和临床医学两个专业。但结果出乎意料，我被调剂到了护理专业，成为中山医科大学招收的第二批护理专业本科生。刚拿到录取通知书时，我非常沮丧，因为做护士意味着没有处方权，这与我一心想做一名救死扶伤的医生的心愿相去甚远。

进入大学后，护理系的老师都很好，对同学们的思想、生活都很关心。时至今日，我依然记得当初和同学们去班主任家喝猪脚姜的味道、中秋节到老师家吃月饼的情形。在老师们的悉心教导下和系统的专业学习中，我意识到护士也是不可或缺的医疗工作者，也承担着救助病人的神圣职责，开始慢慢接受和爱上这个专业。

跟随丈夫来到深圳

1992 年，大学毕业后，我被分配到了广东省人民医院，是医院第一个护理专业本科毕业生。我被当作重点培养对象，不管是临床护理还是护理管理、教学等，医院都给我提供了很好的学习机会。

1993 年，我结婚了，丈夫是深圳市东湖医院（2004 年更名为深圳市第三人民医院）的一名医生。一年后为了家庭团圆，我选择随夫调来深圳。刚到东湖医院时，我发现各种医疗设施、环境和省人民医院差距很大，心里的落差不小。但是随着深圳的快速发展和医疗行业的不断进步，这份落差很快消失。

贰

救护病人是我的职责，如果连医护人员都退缩，那将没有人能抵抗这次危机了。

坚守抗击“非典”前线

2003 年春天，SARS 病毒蔓延。2 月 9 日，东湖医院一病区接到了率先集中收治“非典”患者的通知，我们是全深圳市唯一一所收治“非典”患者的医院。大家都担心自己会感染上，并危及家人，一时间医院里笼罩起了紧张的气氛。

确实，我们都是普通人，要说不害怕是不可能的。但当时我管不了那么多，只想着救护病人是我的职责，如果连医护人员都退缩，那将没有人能抵抗这次危机了。作为护士长，我努力克服自己内心的恐惧，在工作上身先士卒。为了把医护感染的可能性降到最低，我主动承担了那些最苦、最累也是最危险的工作。

2003 年 3 月，正是东湖医院收治“非典”工作最紧张的阶段。一天，我接到了家里打来的电话，6 岁的女儿开始感冒和发烧。经历过那段时期的人应该都知道，感冒、发烧是很多“非典”患者的初期症状。所以当时一个可怕的念头在我心里悄然升起，我担心女儿也不幸感染。孩子的爷爷奶奶在电话里紧张地叫我赶紧回家照顾女儿，我的心里乱成一团：是继续坚守岗位还是回家照顾女儿?

当时科内年轻的姑娘们好不容易克服了心理的恐惧、家人的担忧，大家互相支持，无人请假休息，坚决服从工作安排。身为护士长的我决定留在医院，继续照顾病区的病人，因为只有这样，才能让更多的家庭走出“非典”的阴影。

担心被感染想好遗书腹稿

作为专业的医护人员，对我来说，放在第一位的永远是病人，有时连我自己的安危都只能置于一边。在抗击“非典”期间，我曾经和死神来了次“亲密接触”。那一次，我连遗书的腹稿都打好了。

有一次，医院同时收治了多名重症病人，刚刚平稳的疫情又紧张起来。因为病人数量猛增，固定呼吸面罩的“多头带”不够了。但有位病人急需戴上无创呼吸机，所以为了不耽误病人的救治，我去医院车衣房找车衣工制作“多头带”，把呼吸面罩戴在自己的口鼻上量尺寸，事后才得知这个面罩是一位重症病人使用过的，我的心里一沉，除了担心自己被感染外，更担心因此影响病人和同事的健康。为了避免感染，我开始大剂量地吃抗生素，导致严重的胃痛，两腿发软。回家后把自己隔离在房间里，避免和家人接触。庆幸的是，我安全地度过了那段艰难的日子。

以真情对待患者

在那些谈“典”色变的日子里，每一个被确诊为“非典”的患者都是极度恐惧和悲哀的。作为医护人员，我们的职责不仅仅是护理和治疗，还要付出理解和关爱，带给他们温暖和信心。

4月1日，医院转来了一位外籍教师患者，由我主要负责护理。他的病情很重，急需治疗，但由于语言不通和文化差异，这位教师拒绝接受任何治疗。在为他抽血时，他的情绪十分激动，并质疑我们的医疗水平，说了一些侮辱性的话语。在场的所有医护人员都愣住了。我们不能因为私人情感影响到工作，我平复心情，继续耐心和他沟通，争取他的信任和理解。这名外籍患者在治疗过程中经常拔掉面罩，频繁接听电话，我就想尽办法通过他远在美国的家属来做他的思想工作。他想喝橙汁，我就跑到超市买，但他却不领情，偏执地要喝鲜榨橙汁，我只好再跑到水果店，买来血浆橙和水果刀，为他一点一点地挤橙汁。就这样，他才慢慢卸下心里的防备，露出了入院以来的第一次笑容，还竖起大拇指对我说：“林，best（最好）。”那一刻我忍不住红了眼眶，因为病人的理解和支持就是对我工作的最大肯定。

在抗击“非典”的4个月里，我每天都早起晚息，没有休过一天假，曾连续两周每天工作15小时以上，遇到重症病人就几天几夜守着病房直到病人情况稳定。2003年6月10日，深圳最后一位“非典”患者康复出院。自从2月9日收治第一个“非典”患者，整整4个月时间，医院的300多名医护人员面对危险和生与死的考验，没有一人退缩，没有一人感染，取得了抗“非典”工作的阶段性胜利。

叁

对病人而言，我们不仅是并肩作战的护士，也是与他们心贴心的亲人和朋友。

向患者伸出了援助之手

2004年，我转入结核病科继续担任护士长。结核病也是传染性极高的一种慢性病，有时它不单会威胁一个人的健康，甚至会侵蚀一个家庭。前几年，我们病区收治了一名二十来岁的男孩，即将大学毕业。男孩一家来自农村，经济拮据，父母总把最好的留给患病的孩子，而他们经常坐在角落里，就着白开水，吃馒头咸菜，就这样坚持了11个月。我从事护理行业多年，经常见到这样经济窘迫的家庭，每一次我都想尽办法帮助他们。虽然我们见多了悲伤，但我们并不习惯。当时，我和科主任在科室内部号召医护人员为他们捐款，希望能对他们家庭提供一些帮助。我们与他们相处了将近一年，大家都于心不忍，纷纷伸出了援助之手。

有的患者在治疗期间，没有亲人的陪伴，没有爱人的守护。我们对于他们而言就不仅是并肩作战的护士，也是与他们心贴心的亲人和朋友。曾有一位独自就诊的年轻女患者，她平时一个人躺在病床上，不爱说话，每次查房时我都会特别注意她。我从她的病历上得知她的生日，在生日当天，我和科室的其他护士悄悄给她准备了鲜花和生日礼物。看到这位小姑娘惊喜的笑脸，我们也感到心里一暖。病痛是无情的，但我们可以用医疗手段去减轻甚至消除它，用人与人之间的温暖互助去抵抗它。

护理的同时关注患者心理健康

在科室内，我经常组织大家开展送温馨服务，号召护士们用微笑和病人沟通、用开朗健康的心态和精神面貌对待患者。我们深知人一旦生病，心理是很脆弱的，所以我们经常去给重病患者洗澡、理发、刮胡子。或许这些小事不能改变治疗结果，但也能在一定程度上提高他们的生活质量，让他们能更舒适地接受治疗。

也许有人会认为，我们医护人员平时见惯了生死，见惯了悲伤，所以在病痛面前会不为所动。其实正好相反，正因为我们接触了太多的患者及他们的家庭，我们才更理解他们的困难，理解他们内心的无助。从事护士行业 20 余年来，除了用专业的知识悉心护理病人外，我也越来越关注病人的心理健康。我曾写过一些论文，包括我的硕士论文在内，就是研究病人的情绪，关注他们的心理健康。

肆

改革开放以来，深圳这座年轻、充满活力的城市各方面都在快速发展，这些年来，深圳的医疗水平也在快速发展。

兼职教师培养专业护理人员

2008 年，我获聘深圳大学医学部护理学专业临床兼职教师。在此之前，我也曾在一些继续教育中心和职业技术学院担任过教师。在日常教学中，除了给学生们传授专业的临床护理知识、经验之外，我还会向他们传授一些职业理念。在我看来，医务工作是一种特殊的行业，护理工作是这个行业不可或缺的一部分。对我们护理人员来说，要做好护理工作并不是一件轻而易举的事情，首先要求我们必须具备良好的职业道德，即热爱本职工作，热诚为患者服务，同时还要适应护理事业发展的要求，不断提高自己的理论文化素质和业务技能。

每当我来到学校，看到这些学生，就会想起当初我踏进校园时发下的誓言。也许他们之中也有像我当初一样想成为一名医生而不是一名护士的人，所以我希望我能像我的老师一样，让他们爱上这个专业，为培养专业的护理人士献出一份力量。

深圳的医疗水平快速发展

回首初到深圳，医院病房少，医疗设施匮乏落后，没有中心供氧，吸氧全靠人推50多千克的氧气筒到床边，呼吸机更是稀少。改革开放以来，深圳这座年轻、充满活力的城市各方面都在快速发展，这些年来，深圳的医疗水平也在快速发展，我亲眼见证了医疗条件的改善。比如我们医院的结核科，在短短的几年，就从一个病区发展成了三个病区、两个门诊单元，床位数大大增加，各种仪器设备也完成了多次的更新换代，这对深圳市民来说无疑是好消息。

2019 年 5 月 24 日，深圳市第三人民医院正式获批成为国家感染性疾病（结核病）临床医学研究中心，这是深圳首个、广东省第三个国家临床医学研究中心，也是全国唯一的结核病国家临床医学研究中心，这意味着深圳医疗有了本地的“国家队”。我们能从一家不起眼的小医院发展成今天的规模，在我看来正是得益于深圳这座城市的发展红利，赶上了城市发展的快车。

口述时间

2019 年 12 月 21 日

口述地点

深圳商报社大厦

口——————述——————者

邱韶华

Qiu Shaohua

1972年6月出生于湖南，汉族，大学本科学历，中共党员。深圳市盛波光电科技有限公司首席技术员，曾任深圳市盛波光电科技有限公司副总经理、总工程师。作为中国液晶显示器用偏光片光学膜行业技术领军人才，主导编制了4项国家标准，2项行业标准，获得授权的专利近40项。获得2项深圳市科技进步二等奖。2011年获得全国五一劳动奖章。

22 岁那年，我来到深圳，进入深圳盛波偏光器件有限公司成为一名技术员。26 岁，我和同事们一起研发出合格偏光片，并于 1999 年 9 月顺利通过当时的深圳市科学技术局技术成果鉴定，填补了国内产品空白。33 岁，我成长为总工程师。

我的成长得益于深圳的氛围和公司破格提拔人才的环境。深圳是一个创新的城市，只要你肯努力，就能抓住机会，做出一番事业。同时，深圳有一种敢为人先、勇于吃螃蟹和拼搏的精神，深圳的氛围创造出了今天的深圳市纺织（集团）股份有限公司，也造就了今天的盛波光电。如果当年深纺集团没有转型为高新技术产业，可能国内偏光片领域还是一片空白。深圳给予我们不断开拓创新和拼搏的斗志，从黑白液晶显示器用偏光片、小尺寸彩色液晶电视机用偏光片，一直到将来超大尺寸的液晶电视机用偏光片，我们都要率先去创造，走在中国偏光片领域的最前沿。

邱韶华：

贡献专业力量填补国内偏光片空白

壹

当时深纺集团转型，内部有许多质疑声。液晶显示器是我们从未触及过的领域，和纺织业完全是两个不同的行业，如果没有做起来，公司可能会因此一蹶不振。

来到深圳，探索改革开放前沿之地

我老家在广东梅州，早年父母亲被分配到湖南邵阳一家纺织机械工厂工作，在当地生下了我。从小在厂区附近长大的我，一直对工科比较感兴趣。高中毕业后，我考上了河南郑州纺织工学院（后改名为中原工学院），也因此选了电气自动化专业。

1994 年，我大学毕业。此时的父母亲在湖南待了许多年，因工作原因一直无法调回广东，所以他们希望下一代能走回广东，叶落归根。这样的观念也左右了我的选择，在毕业分配工作时，我将目光投向了广东，当时广州和深圳都有单位愿意接收我。仔细考虑下，深圳是个年轻的城市，又因为改革开放的春风具有神秘的色彩，若有机会能来深圳探一探路，于我而言也是挺好的。

为此，我来到深圳，进入深纺集团工作，这是一家由深圳市投资控股有限公司（2004 年 10 月在深圳市原三家国有资产经营管理公司基础上组建新设）控股的国有上市公司。初到深圳时，工厂和工业区占据了深圳的大片土地，我仍然记得，公司第一个工厂——天健工业区当时就在福田区景田那一块。随着深圳的转型，工厂也在逐渐搬离市中心，从福田搬到了龙华，后来公司第三个工业区建立在坪山，工厂越搬越远了。

深纺集团转型进军高新科技产业

来深圳的第一年，我在深圳市纺织（集团）股份有限公司下属的一个纺织保税贸易公司做保税业务，在这个过程中，我学到许多进出口的业务知识，这为我往后工作打下一定的基础。

一年以后，深纺集团开始转型，从纺织业务转到高科技领域，并投资了一个新的项目：高科技产品液晶显示器用偏光片。为此，深纺集团和美国 ADS 公司合作，由美国 ADS 公司提供生产设备与技术并参股，共同成立了深圳盛波偏光器件有限公司（现更名为“深圳市盛波光电科技有限公司”，以下简称“盛波光电”），我也调来了盛波光电。

当时深纺集团转型，内部有许多质疑声。液晶显示器是我们从未触及过的领域，和纺织业完全是两个不同的行业，如果没有做起来，公司可能会因此一蹶不振。作为一家上市公司，深纺集团领导做这个决策冒了很大的风险。但现在看，这个决定非常具有前瞻性。公司从传统的纺织服装加工业成功转型进入平板显示产业领域，在完全市场化竞争的行业拥有了一席之地，成为中国平板显示产业领域偏光片行业的领头羊，是深圳市国有企业产业转型升级的典范企业。

贰

1998 年年底，公司终于成功研发出合格产品，并于 1999 年 9 月顺利通过当时的市科技局的技术成果鉴定，填补了国内产品空白，荣获国家五部委颁发的国家重点新产品证书。

日本技术封锁，赴美学习前沿技术

20 世纪 90 年代，国内尚未研究出偏光片技术，主要技术掌握在美国和日本手中，特别是日本。当时日本是全球液晶产业聚集地，不仅对偏光片市场垄断，对偏光片的技术输出也严密封锁，这导致国内行业对此技术一片空白，不得不全数进口。为了学习偏光片技术，公司派了我和其他 5 个人一起去美国 ADS 公司培训。

可能许多人没听过偏光片，实际上它在生活中用途非常广泛：手机屏幕、电脑屏幕、液晶电视、车载显示，等等，凡是涉及液晶显示屏的产品，都会用到偏光片。偏光片是个光学元器件，或者说是一种光学复合薄膜，具有起偏器和检偏器的作用，能够把图像和色彩显示出来。没有偏光片，打开电源后的显示器就只有白色屏幕，没有彩色和画面。液晶玻璃、液晶材料、偏光片组成了屏幕显示器的三大元器件。屏幕显示器占整机成本的近 70%，偏光片又是屏幕显示器的三大材料之一，所以它非常重要。

在美国，我们学习偏光片知识的过程颇为吃力。偏光片生产是一门综合学科，涉及光学、物理、微电子、高分子材料、化工、化学、精密机械、自动化等，国内大学没有这个专业，所以我们去美国学习的内容从基础理论知识到实际操作，完全是从零开始。同时，由于是跨专业的知识领域，我们需要学习很多专业知识。那时没有网络，不像现在一上网就可以查很多资料，我们只能频繁地去书店或者图书馆，查阅资料以弥补不足。

回深研制生产经历三年艰难时期

回深圳后，我们经历了三年非常艰难的时期，由于美方技术人员对技术掌握不够，且拿不到好的材料，经三年调试，我们未生产出一件合格产品。面临持续的研发困境，1997 年美方撤股退出合作，我们去美国培训的 5 个人，当时包括我在内仅有两个还在继续从事这个行业。

技术研发遇到瓶颈，公司也面临着前所未有的困境。公司毕竟不是研发机构，需要盈利。但由于所有研发计划和机器设备都只能服务于生产偏光片，我们无法转型，也不甘心放弃，只有放手一搏。

那段时间，我们经常加班，有时甚至在公司连轴转，几天不回家。平日里，除了研究技术，还需要跑客户，不是为了销售，而是为了研究客户需求：“你们有什么产品要求？需要我们改善哪方面？”那时候没想太多，只觉得经过几年的积累和经验，都走到这一步了，我们不能放弃。

终于在 1998 年，我们研制出第一款合格产品。当时有一位客户找我们订了 20 箱产品，我们很开心，通过其他货运方式先送去 10 箱，剩下的 10 箱货则由我和司机亲自开车送过去，以便了解客户的使用情况。本以为一切都很顺利，谁知后来，我们又把那 20 箱货载回了公司。

原来，产品虽然研制出来了，但还有些小问题，经客户测试无法使用。那时公司规模比较小，能把实验室产品做成工业化生产产品已经很不容易了，还要做成批量生产的产品，其实非常艰难。满怀喜悦去送货，却遭到了退货，这对我们造成很大的打击。

但我们始终没有放弃，1998 年年底，公司终于成功研发出真正的合格产品，并于 1999 年 9 月顺利通过当时的市科技局的技术成果鉴定，填补了国内产品空白，荣获国家五部委颁发的国家重点新产品证书。

叁

2008 年，我负责组织实施“TFT-LCD 用偏光片工程化技术项目”，该项目建成了国内第一条可用于 TFT 型偏光片的生产线。

国内偏光片行业陷入困境

尽管我们突破了技术壁垒，成功研发出偏光片，但在国内市场上，我们依然困难重重，这与显示屏产业发展有关。

1970 年 12 月 26 日，中国第一台彩色电视机在国营天津无线电厂诞生，拉开了中国彩电生产的序幕。1978 年，我国批准引进第一条彩电生产线，并将生产重任托给当时的上海电视机厂。之后随着长虹、TCL、康佳、海信等世界彩电巨头诞生，1987 年中国电视机年产量达到 1934 万台，跃居全球第一。

然而，当世界电视产业从传统 CRT（显像管）显示器，向液晶、等离子等新型平板显示器转换时，中国彩电工业惨遭淘汰。至此，中国在 20 世纪 80 年代起采用“以市场换技术”“合资”等政策发展的轿车、彩电、集成电路产业，没有一个能摆脱对引进技术的依赖形成自主的技术能力。由于缺乏技术，大陆彩电厂商面临着“缺芯少屏”的困境，他们被迫花费巨资，从韩国、日本等国家和中国台湾地区的厂商手里采购液晶面板等关键零部件。

作为液晶显示屏的主要原材料之一，偏光片的发展也受限于此。当时国内厂商还没法研发出彩色液晶显示屏，仅能生产黑白液晶显示屏，且只能使用于电子表、计算器、电话机等小尺寸电子产品市场。我们公司定位国产本土化，所以我们只能根据国内下游市场研发产品，即适用于黑白显示屏的偏光片。尽管我们占据了黑白显示屏的大部分市场，起步也比韩国的同行要早很多，但在全球液晶显示屏的市场里，我们占比份额依然非常小，不到1%。

为等待未来发展的机会，为公司创造更大效益，我们转而从降低偏光片生产成本入手。2000 年，我承担了原材料国产化、压敏胶开发、产品色调改进等重点攻关课题。经过大胆创新和大量试验研究，三大难题全部获得突破。其中，主要原材料国产化率达 100%，压敏胶开发隔年即投入批量生产。同时，此突破也一举扭转了公司成立以来一直严重亏损的局面，全年实现利润620 万元。

2001 年，盛波光电被市科技局批准为高新技术企业，公司主导的“年产 200 万平方米偏光片产业示范化工程”也被当时的国家计委列入 2001 年国家高技术产业化示范工程新材料专项，获得国家资金支持。

2005 年，我们成功开发出国内首张 STN 型液晶显示器用偏光片，再次填补了国内空白。公司也因此持续盈利，稳步发展，一举奠定了国内黑白液晶显示屏用偏光片的领导地位。

向彩色液晶显示器用偏光片进攻

进入 21 世纪，随着笔记本电脑对液晶显示器件产品的需求加大，薄膜晶体管液晶显示器确立了作为液晶显示的主流地位。

2002 年 4 月，上海广电集团（前身为上海电视机厂）与日本NEC 签署合作意向书，共同投资 1146 亿日元（约 76 亿元人民币），在上海莘庄工业区建设一条5代线。2004年10月8日，中国第一条5代TFT-LCD（薄膜晶体管液晶显示器）生产线在上海投产，主要负责切割15寸液晶屏。

随着国内企业对TFT-LCD生产线的研发，内地的无自主彩色液晶显示屏时代也随之落幕。

下游市场的发展为我们提供了创新科技的原始动力。2006年，我被任命为公司投资近亿元的偏光片二期工程工艺总负责人，带领团队对现有生产线进行全面测绘，优化生产工艺，并吸取国外经验，使盛波自行设计、委托国内公司制造、自行安装和调试的二期生产线实现投产，成为第一条国产偏光片生产线。

2008年，我负责组织实施国家科技部863计划——“TFT-LCD用偏光片工程化技术项目”，获得了国家发改委910万元专项资金支持。该项目建成了国内第一条可用于TFT型偏光片的生产线，进一步填补国内TFT-LCD偏光片生产的空白，对于国内液晶显示器件降低生产成本、增大生产能力、改变产业链严重失衡的局面起到重要作用，使国内部分中小型TFT-LCD面板企业实现部分材料国产化。

2010年，公司大尺寸TFT-LCD用偏光片项目启动，大尺寸TFT-LCD偏光片项目也列入“深圳市重大项目”。项目建成后，于2015年通过了市科技局组织的科技成果鉴定，也填补了中国彩色液晶电视机用偏光片的产品空白，中国彩电厂商终于完善了上游材料产业链的关键一环。

肆

深圳有一种敢为人先、勇于吃螃蟹和拼搏的精神，深圳的氛围创造出了今天的深纺集团，也造就了今天的盛波光电。

“原来中国人也是可以的”

22 岁那年，我来到深圳，进入盛波光电成为一名技术员。26 岁，我和同事们研发出合格偏光片，并于 1999 年 9 月顺利通过市科技局技术成果鉴定，填补了国内产品空白。33 岁，我成长为总工程师。

我的成长得益于深圳的氛围和公司破格提拔人才的环境。深圳是一个创新的城市，只要你肯努力，就能抓住机会，做出一番事业。同时，深圳有一种敢为人先、勇于吃螃蟹和拼搏的精神，深圳的氛围创造出了今天的深纺集团，也造就了今天的盛波光电。如果当年深纺集团没有转型为高新技术产业，可能国内偏光片领域还是一片空白。

尽管研发的过程非常艰辛，但当真正看到成果时，我倍感自豪。记得多年前的某一次，我们研发的产品通过客户的测试，他当即竖起大拇指，赞赏我们：“原来中国人也是可以的。”就这一句话，让我们很有成就感，这句话所带来的快乐是无法用金钱衡量的。

继续填补偏光片空白未来可期

尽管如此，目前国内偏光片的发展还是较为薄弱，国产化率不到 10%，家电彩电公司对于上游原材料大部分还是进口。与国外相比，我们的差距在于不能实现规模经济，无法成为主流的供应商。

就电视机来讲，我们已经突破小尺寸，比如 32 英寸、43 英寸、55 英寸，但是像 65 英寸以上的大尺寸还是空白，因为我们只有两条线的生产规模，生产线规模数量少，终端市场却很大。除此之外，我们彩色液晶显示屏用偏光片的材料是进口的，采购数量不够，采购成本由此增加，议价能力也不够。一方面说明我们这个行业未来还有很大的发展空间，另一方面也说明我们技术方面和规模方面都有薄弱环节，需要突破。

国家很重视平板显示产业上游原材料和装备的短板，出台了一系列利好政策，给予这个产业很多支持，比如减少关税，加大补贴等。现在我们正在投资近 20 亿元的 2560mm 超大尺寸电视用偏光片生产线，决心突破 65 英寸以上的空白领域。深圳给予我们不断开拓创新和拼搏的斗志，从黑白液晶显示器用偏光片、小尺寸彩色液晶电视机用偏光片，一直到我们将要研发的超大尺寸的液晶电视机用偏光片，我们都要率先去创造，走在中国偏光片领域的最前沿。

口述时间
2020 年 1 月 4 日上午

口述地点
深圳市南山区华侨城创意文化园

口 ———————— 述 ———————— 者

王明涛

Wang Mingtao

1967 年出生于陕西西安，深圳市政协第六届委员。现为深圳市杨梅红艺术教育集团董事长、深圳市青年动漫协会会长、深圳市教育培训行业协会名誉会长、深圳市文化艺术培训行业协会副会长、深圳市海外联谊会理事。曾担任深圳大学客座教授，曾获得美国全美艺术教育协会（NAEA）颁发的“艺术教育杰出领导力奖”。

在西安工作期间，周围很多朋友都在谈论深圳，那里是改革开放的前沿阵地，无数勇敢者都到深圳追逐梦想，在那种氛围影响下我对深圳十分向往。为了追寻自己的梦想，我决定到深圳开启新的人生篇章。从杂志美术编辑到自主创业在展览行业赚到第一桶金，再到因为女儿的兴趣而投身艺术教育，我在深圳奋斗了 25 年。我喜欢并享受拼尽全力在这座城市实现人生价值的感觉和过程，这是我来深圳的最大收获，也是我人生的最大意义。

王明涛：
推动艺术教育从深圳走向全球

壹

第一次来深圳考察的那段时间，我感受到整座城市充满活力。周围都是年轻人，大家非常友好、直率、阳光、积极，都想把自己最好的一面展现出来，我觉得这里特别适合年轻人为梦想奋斗。

发挥绘画天赋，接触专业艺术

我小时候生活在秦岭山脚下一个规模很大的军工厂，那里相当于一个小型移民社会，汇聚了来自全国各地的人。父母都是军工厂的普通工人，课余时间我经常跟他们一起待在车间，因此我从小特别喜欢机械设备。那时候物质条件不太好，周围都是大山，生活过得比较艰苦，最大的娱乐项目就是跟小伙伴到野外玩。现在回想起来，童年时光对我以后的人生影响很大。

一次非常偶然的机会，我接触到当地的一位绘画老师，每次上美术课我的画都能得到老师的认可，在他的鼓励下我发现自己在绘画方面有一定天赋，而且渐渐对此着了迷。因为喜欢画画，我投入更多精力在这上面，后来很自然地想要往专业方向发展。1988 年，我考上西安美术学院，开始真正接触专业艺术。从那时起，我就立志成为一个职业艺术家。

我在大学学的是版画系下面一个更加细分的石版画专业。在校期间，我的很多作品都获奖了，有的还送到国外参展。大学毕业时，我被分配到西安《女友》杂志社做美术编辑，继续从事石版画创作的梦想就此中断。因为石版画的创作需要很多硬件条件，毕业之后我没有条件继续从事相关工作，至今都觉得遗憾。

但是，我到杂志社后很快就得心应手，并且慢慢喜欢上这份工作。《女友》杂志发展得非常快，两三年间就从地方刊物迅速成长为全国知名杂志，高峰时一个月发行量达到 160 万册。刚步入社会的这段工作经历对我来说很重要，让我有机会到全国各地去采访，接触到各种各样的人，为以后的职业生涯打下坚实基础。

决定到深圳开启新的人生篇章

在西安工作期间，周围很多朋友都在谈论深圳，那里是改革开放的前沿阵地，无数勇敢者都到深圳追逐梦想，在那这种氛围影响下我对深圳十分向往。1994 年，我专门请假到深圳考察了解这座城市。那时交通还很不方便，需要先从西安坐火车到广州，然后还得第二天换车才能到深圳。我记得第一次到深圳是 1994 年 6 月 1 日，最深刻的印象是出了车站一股热浪袭来，很快我就大汗淋漓。

在深圳考察一周后，我去罗湖松园路见一位编辑朋友，电梯里正好碰到当时《深圳青年》杂志社的总编辑，朋友就向他介绍我是《女友》杂志社的编辑，这位总编辑希望跟我进一步交流，就邀请我去他办公室。交谈过程中，他劝说我留在深圳发展，并邀请我加入《深圳青年》杂志社。在深圳考察的这段时间，我感受到整座城市充满活力，周围的人非常友好、直率、阳光、积极，觉得这里特别适合年轻人为梦想奋斗。

当时我在青岛的女朋友也一起来到深圳，我们希望找到一个未来可以共同生活的城市。综合考虑后我决定接受邀请，之前单位的领导考虑到我个人发展意愿也同意我离职和调动，就这样我正式在深圳开启新的人生篇章。

最初在深圳那几年我很拼命，为打磨出好的杂志产品经常白天黑夜连轴转地工作，我从普通的美术编辑逐渐做到美术总监、策划总监、编委，《深圳青年》杂志的发行量和影响力也不断提升。我在这家杂志社工作了 9 年，通过努力在深圳站稳了脚跟。

贰

我们教育的核心理念与价值是“用艺术启迪智慧”，希望通过美学规律训练提升孩子判断美的能力，通过创意习惯的训练提升他们想象与创造的能力，通过审美和创意能力的培养，让孩子们最终获得智慧而有品位的人生。

辞职创业赚到人生第一桶金

2000 年以后互联网逐渐兴起，给杂志行业带来巨大冲击，人们获取信息的渠道正在逐渐改变，我们的订阅量和发行量开始走下坡路。2003 年的时候，为了更好地体现自身价值，我决定离开杂志社自己创业。刚开始我成立了一个美术设计公司，希望从自己熟悉的领域做起。

我这个人做事有个特点，会先迅速找到一个自己感兴趣的点，然后一门心思钻进去深挖，而不会涉及太多。在做设计公司的时候，恰巧遇到深圳在举办家具展，我研究后发现展览业是一个很有意思的行业，可以通过不断完善让一个展览变成长期品牌，从而越做越大，使其越来越有影响力。

因此，我就承接了几个展览的设计业务，后来又慢慢尝试进入展览策划领域，从参与设计到介入运营策划。我的团队承接了北京、上海、广州、东莞、顺德、大连等当时全国各地几乎全部的家具展览策划或设计业务，可以说我在展览行业赚到了人生真正意义上的第一桶金。

虽然公司运营得还算顺利，但我总觉得没有感受到真正的快乐，内心深处对纯艺术的迷恋让我经常陷入某种方向的迷茫。我更希望在艺术相关的方面有所成就，却苦于没有合适的契机和条件，自己每天都被动地为商业项目忙碌着。

因女儿的兴趣意外投身艺术教育

很幸运的是，这个契机没有让我等太久。

女儿长到 3 岁左右的时候，我发现她总喜欢拿着蜡笔在家里涂涂画画，而且可以安安静静趴着画很长时间，这让我意识到女儿可能对绘画有着强烈的兴趣。于是我希望为她找个可以自由画画的地方，到一些培训机构了解后发现都不太合适。我自己是学美术专业出身，觉得当时的早期美术教育观念太落后。

2003 年年底，深圳市少年宫快落成的时候，面向全国发布关于内部设计的招标公告，包括 VI 设计、空间设计、导视设计等，我带着团队做了几套方案投标并顺利中标。做设计的时候我了解到少年宫里有块约 2000 平方米的夹层在对外招商，却因为消防问题和楼层高度等原因一直空置。

这时我就想如果把这个地方改造成给孩子们学习绘画的专业空间，我的女儿就可以有一个自由自在挥洒创作的地方。于是我做了一个完整的方案，结果领导们非常认可并决定引进我们合作此项目。

我全情投入现场设计，并带着一群工人进行装修、改造、布置、创作，解决消防、楼层、通风等所有问题，把那里打造成一座充满艺术气息的小型少儿美术学院。我忽然感觉这才是我想干的事，当我把女儿带到竣工后的“美术基地”，她兴奋得久久不愿离开。

之后我们又引进各种设备，还为不同年龄段的小孩设计不同的教室，同时在全国招聘顶级的艺术、美术教师给孩子们上课。我一开始没有考虑太多，就想着努力把事情做到最好，为孩子营造一个可以充分通过画画表达自我的环境。我们的理念不是让孩子把画画得很像，而是要通过画画表现出最真实的想法，从而提高审美眼光，激发创意思维。

“美术基地”运行一两年后，逐渐得到很多孩子和家长的认可。

努力把分校从深圳开到世界各地

我们教育的核心理念与价值是“用艺术启迪智慧”，希望通过美学规律训练提升孩子判断美的能力，通过创意习惯的训练提升他们想象与创造的能力，通过审美和创意能力的培养，让孩子们最终获得智慧的人生。在这个过程中，我们通过不断摸索打磨出一套教育理论并融入自主研发的课程之中。

借助艺术教育的方式，我们让孩子们学着关注生活中的一点一滴，并从中获得创作灵感和美的感受。这样的艺术教育可以抵达孩子们的内心，引领他们在生活中感受美、创造美，获得用艺术解读生活、表达自我的才能，从而改变生活、影响他人、改变世界。

创立至今，我们逐渐发展成为专业的早期艺术教育全球连锁机构，不仅有杨梅红国际私立美校、杨梅红私立儿童美术馆、杨梅红艺术教育研究所等分支机构，我们还把研发总部分别设在深圳和华盛顿。我们的校区更是分布在华盛顿、多伦多、巴黎、孟买、北京、上海、深圳以及中国台湾新北等地。目前，全球每年有数万名孩子在各个校区学习，学生年龄涵盖 2 岁 ~18 岁。

2016 年 3 月，被称为“艺术教育奥斯卡”的“全美艺术教育大会颁奖典礼”在美国芝加哥隆重举行。因为我们集团研发的艺术教育课程体系兼具系统性和国际性，而获得了大会最高学术奖项——“艺术教育课程研发杰出贡献奖”，这是对我们多年来的努力的最好肯定。

2019 年 3 月，在波士顿举行的全美艺术教育大会上，我获得本届唯一一个“艺术教育杰出领导力奖”，再次肯定了我们在组织、领导艺术教育方面的能力和贡献。

叁

深圳永远都有一种积极向上、奋发进取的城市气质，这种气质深深影响着每一位追求进步、追求卓越的逐梦者。

成为早期艺术教育领军机构

一转眼我在艺术教育行业工作超过 15 年，我们可以说是早期艺术教育领域的领军机构之一，对推动中国早期艺术教育发展尽了自己的绵薄之力。回想早期艺术教育从无到有、从有到强的过程，最应该感谢深圳为我们提供了发展的土壤，让我有机会将自己的兴趣和职业很好地结合在一起。

在大家的共同努力下，很多孩子在成长期便接受到系统的美学教育，从而提高了审美能力和个人素养，为以后的人生打下良好基础。未来我要继续专注艺术教育研究，让更多孩子感受艺术的魅力，用艺术的力量影响更多孩子的人生，从而为这座城市做出应有的贡献。

在深圳拼尽全力实现人生价值

回想自己在深圳的这段经历，就是一个年轻人为梦想努力打拼的奋斗史。深圳永远都有一种积极向上、奋发进取的城市气质，这种气质深深影响着每一位追求进步、追求卓越的逐梦者。

当年在做展览设计的时候，经常碰到紧急情况，有时马上就要开幕却发现重要物料遗漏了。这时无论如何你都要把东西送到现场，就算是几十箱印刷品也要立刻搬到展位上放好，哪怕干到第二天肌肉拉伤也要把任务完成。这种拼劲让我赢得客户的信任，让我在深圳的创业路越走越稳，我想很多在深圳打拼过的人都会有类似的经历和感受。

此外，深圳还有一点让我特别感动，在这里大家不会过多关注你的家庭背景或者社会关系，只要你有能力，而且不懈努力、勤奋付出、行动力强，就能有所收获，就有可能取得成功。这对于年轻人来说十分重要，我刚来深圳时吃过不少苦头，扛过来之后发现一切都是值得的，深圳会给予奋斗者最好的回报和奖励。

我喜欢并享受拼尽全力在这座城市实现人生目标和人生价值的感觉和过程，这是我来深圳的最大收获，也是我人生的最大意义。相信深圳接下来的发展会再次超出所有人的想象，深圳的未来值得期待，我很庆幸能够参与其中。

口述时间
2018 年 1 月 5 日

口述地点
深圳华强方特

口 —————— 述 —————— 者

刘道强

Liu Daoqiang

1970 年 11 月生，籍贯江西赣州，1995 年南下深圳，先后任深圳远望智能系统有限公司软件开发部经理，深圳华强智能技术有限公司副总工程师、副总经理，方特投资发展有限公司总经理，华强方特文化科技集团股份有限公司总裁兼副董事长。

现在让我回想来深圳的那段经历，真是感慨万分。

当年我硕士毕业后，和大部分研究生同学一样留校任教，很清闲，可以说大多数时间都在玩。如果日子就这样过下去，我的人生可能和现在完全两样。

20 世纪 90 年代初，电视里经常播放深圳的新闻，给外界的印象是技术新、理念新，是改革开放的前沿。我很多老乡到深圳打工后，回家也一个劲说深圳好。当时我才 20 多岁，觉得人生不能虚度，决定抛下“铁饭碗”，到经济特区闯一闯。

刘道强：

用“文化 + 科技”创造中国“神画”

壹

迪士尼和环球影城，我们发现他们的主题乐园项目与国内乐园的静态景观项目很不一样，非常有吸引力。我们就决定做这个方向。

参展美国 IAAPA，自主研发的 4D 影院技术崭露头角

我记得很清楚，那是 1997 年 7 月 15 日，我坐火车第一次来深圳。一出车站，就看到高楼直冲云天，那是富临大酒店，深圳老牌的五星级酒店。当时其他地区很少有高楼大厦，我的内心很受震撼。

在学校任教时，什么都是分配好的，不愁吃穿，来深圳就不一样了。我进的是国防科工委远望城公司下属公司深圳市远望智能系统有限公司，做应用软件开发。压力很大，经常加班，但大家干劲十足，相信用技术能够创造出更多的东西。公司除了董事长、总经理，其他主任、员工都骑着破自行车，大家也很满足。

1999 年，为应对全球电子信息产业发展寒流，深圳华强集团需要积极开拓新业务，我所在的公司被它收购，后更名为深圳华强方特智能技术有限公司。我们从八卦岭搬到了华强北，当时给我们的场地只有一层楼，后来才慢慢扩大。

我在深圳华强智能技术有限公司任副总工程师、副总经理。1999 年恰好是深圳举办第一届高交会，公司希望我们能拿出一些产品参展，这就是创新的开始。刚开始，大家不知道该做什么，于是我们去美国学习考察。在迪士尼和环球影城，我们发现他们的主题乐园项目与国内乐园的静态景观项目很不一样，非常有吸引力。我们就决定做这个方向。

那年 10 月份，高交会举办，我们带着自主研发的立体视觉系统、多屏同步播放系统和虚拟仿真坦克参展，虽然没有获得直接经济效益，但为华强方特后来发展主题乐园奠定了技术基础。第一届高交会是华强方特发展很好的开端。

2000 年，我们的技术运用到了深圳少年宫、世界之窗和欢乐谷的体验项目中。同年，我们带着自主研发的环幕立体电影技术，也就是 4D 影院，到美国参加 IAAPA 展（美国国际主题乐园及游乐设备展览会）。神奇的是，我们拿到了两个订单，合计 50 万美元。高交会的零交易曾打击我们的信心，但这两单销售给了我们很大的底气。

当时我们的技术已经完善，于是想把它转化为电影产品。IAAPA 展上得到美国人认可，让我们自以为最好的市场在美国，于是我们到美国建公司，大规模雇用美国员工销售产品，结果业绩并不如意。我们这才明白，外国人还不太认可中国的产品，我们应该先立足国内市场。

贰

卖出第 5000 张门票时，园内游客已经满了，我们只能把新来的游客往回劝。我们心里很开心，主题乐园的项目终于做起来了。

主题乐园的诞生，是梦想的结果

聚焦国内市场后，我们先是在东门步行街建了一个游乐场，把立体视觉、虚拟仿真等技术融合进去，孩子们很喜欢。

当时正赶上中国的购物广场兴起，我们的游乐场项目取得了很好的发展。北京世纪金源购物中心老总正好来深圳出差，看到东门的项目后，邀请我们到他北京的购物中心建了一个两万平方米的游乐场。这些项目支撑了华强方特之后几年的技术研发。

但购物中心毕竟商圈有限，周边人群固定，人们很快就厌倦了这些设施。于是，我们开始思考商业模式，做一个什么样的项目才能对受众产生持久的吸引力。我们认为应该做旅游。2003 年，我担任方特投资发展有限公司副总经理，跟重庆一个开发商合作，建设华强方特第一个主题乐园。虽然是第一次做，但我想，年轻嘛，即使错了也没关系，要在不断试错的过程中寻找正确的方向。这种敢闯敢做的精神也是受到深圳的感染。

成功了！重庆方特科幻乐园仅 3 万多平方米，但我们投入了 9 个项目，飞跃极限、恐龙危机、西部追忆、太空山等，都是当时国内其他游乐场没有的，很吸引人。卖出第 5000 张门票时，园内游客已经满了，我们只能把新来的游客往回劝。我们心里很开心，主题乐园的项目终于做起来了。

我们还给国内的其他游乐园做了很多项目，比如，欢乐谷中有我们的两个剧场，还给世界之窗的富士山开发过环幕 4D 影院。有了这些积累后，我向领导请示，技术和商业模式都成功了，我们可以做大主题乐园了。

大主题乐园的崛起，从门可罗雀到人头攒动

我们拿着一本很大的宣传册去找合作商，到过南京，到过合肥，但人家都觉得我们没做过，有失败的可能性。机缘巧合，芜湖刚好建了长江大桥，人流量很大，桥旁边有约 1000 亩空地。他们主管领导创新意识很强，愿意尝试给我们建主题乐园。我们当时也纠结，1000 亩地，投资近 20 亿元，要不要做这么大？当时有一个说法是“大投资小风险，小投资大风险”，大投资大规模大有影响力，小投资小规模吸引不了游客。于是，我们决心做大的。

就这样，2007 年 10 月 18 日，大型文化科技主题乐园芜湖“方特欢乐世界”开始营业。其实我们原本想在十一“黄金周”开业，但说实话，心里没底，怕游客爆满后，一旦有不满意的地方，口碑会大受影响。人少的话，提了意见我们还可以慢慢调整。营业后，我们还是过了个难熬的冬天。后来我们才知道，游乐园行业季节性很强，冬天游客量少。但当时我们不懂，心里很彷徨，难道我们失败了？我记得有一天下雪，我们员工四五百人在工作，但是游客只有 8 个。

2008 年春节后，南京市旅游系统一位领导来考察，很惊讶芜湖有这么好的一个项目。他说我们不会经营，让我们包给他经营。我没同意，他是旅游专业人员，他都有信心，说明我们的产品没问题。

4 月 18 日，我们办了一个正式的开业仪式，5 月份开始，游客量猛然增加，到暑假，每天都有一两万的游客量。芜湖市领导很高兴，要借着好势头在芜湖建设第二个主题乐园“方特梦幻

王国”。之后，芜湖的第三个、第四个主题乐园（“方特水上乐园”“方特东方神画”）也陆续建成。华强方特在主题乐园领域的产品线逐步清晰。

从第二个乐园“方特梦幻王国”开始，我们意识到要融入一些中国文化主题，于是加入了秦始皇地宫、猴王表演等中国元素。“方特东方神画”的成功离不开中宣部的关注。我们围绕“爱国主义”“中国梦”，开始酝酿“美丽中国文化产业示范园”的概念，用高科技和体验互动的展示方式，打造“华夏历史文明传承主题园”“复兴之路爱国主义教育基地”“明日中国主题园”三大主题园区，集中展现中华传统文化精华，弘扬时代精神。

2013 年，中国（深圳）国际文化产业博览交易会举办，华强方特是分会场之一，我们展现了“美丽中国文化产业示范园”的沙盘。时任中宣部部长刘奇葆来考察，认为该项目高度契合文化科技创新融合、讲述中国故事的主题，给了我们很大肯定。很快，中宣部宣教局局长、党史研究室主任、国博馆长等多个部门领导率队来调研，我们也多次去北京汇报创意设计进度。

目前，“华夏历史文明传承主题园”即“方特东方神画”主题园，已在 4 座城市开园运营，取得了非常好的社会、经济效益。“复兴之路爱国主义教育基地”和“明日中国主题园 ”分别在建设和创意设计中。华强方特用 “文化 + 科技”讲好中国故事的发展思路已然明晰。

叁

给两只熊起名字也颇费心思。当时员工提供了很多方案，丁亮觉得应该宣扬中国本土文化，加上“熊大”“熊二”便于记忆，就选择了这两个名字。

打造流量 IP，强势进军动漫行业

2008 年，我们转型成立华强方特文化科技集团股份有限公司。当时全国还没有文化科技公司，这也是深圳的一个创举。2008 年，在主题乐园取得进展的同时，我们也在思考如何把主题乐园业务做大做久。对比迪士尼，我们发现方特的主题乐园缺乏一些知名卡通人物。我们决定发展动漫版块。当年 3 月份，华强方特（深圳）动漫有限公司成立，董事长是我的老搭档丁亮，之前他一直分管主题乐园特种电影内容的制作，和团队在工业化影视制作上有深厚的技术和硬件积累。

华强方特（深圳）动漫有限公司一开始就定位明确，一是走工业化发展道路，二是打造产业链良性循环，动漫从开发到选题，都要与主题乐园相结合。基于此前在特种电影技术上的积累，丁亮提出了一个革新的想法，做全无纸的计算机动画生产线。传统动画电视片制作靠手工绘制，动画师一人一天可能一秒的画面都做不到。在采用全无纸化生产线后，应用模块分类、数据库管理后，动画师每天的生产效率可以提高 6~8 倍，极大地提高了制作效率。当时国内还没有人这么做，这让我们的动画片数量和质量都有所保证。2011 年，我们的动漫产量达到了全国第一。

也是在 2011 年，丁亮又提出另一大胆想法，向集团申请停掉全国产量最大的二维动画生产线，专攻三维动画。当时，国内还很少有公司尝试三维动画。华强方特通过主题乐园、特种电影出口等业务有了资金的支持和技术积累，使方特动漫团队可以大胆创新。彼时，《喜羊羊与灰太狼》正风靡全国，但那是一部二维动画，我们决心打造一部三维动漫爆款。这就是《熊出没》的诞生。

持续创新，《熊出没》成为影响深远的中国动漫品牌

熊原本是我们前一部动画《十二生肖闯江湖》中的配角，因为形象憨厚，动作幽默，很受孩子们喜欢，于是我们把它拎了出来。在《十二生肖闯江湖》中，熊是土匪，形象不太好看，我们在《熊出没》中悄悄给他们做了“整形”，给两只熊起名字也颇费心思。当时员工提供了很多方案，丁亮觉得应该宣扬中国本土文化，加上“熊大”“熊二”便于记忆，就选择了这两个名字。

与以往的动画不同，熊大、熊二除颜色不同之外，身高、体重、长相完全一样。这是因为我们希望让观众通过两个角色的表演、台词、声音来记住他们，是基于我们三维动画表演部门的一个新的尝试。我们把电影学院演员训练的声、台、形、表专业方法运用到三维动画角色的训练中，让角色更加生动。这些都是二维动画所难以实现的。

华强方特是做计算机技术起家的，在工业化影视制作技术和设备上的积累，是其他动漫企业难以复制的，这也是我们参与动漫行业竞争的法宝。记得《熊出没之夺宝熊兵》刚在电影院上映时，有一幕是小女孩嘟嘟开心地放飞熊二送的蓝色蝴蝶。当蝴蝶飞到观众眼前时，成人和小朋友都伸手去抓，现场气氛“high 翻”。

过硬的技术创新加上用心的故事设计，让《熊出没》成为影响深远的中国动漫知名品牌。《熊出没》系列电视片 2012 年在电视台播出后迅速火爆，2013 年网络点击达 200 多亿次，位列“中国动漫指数”榜单之首。我们目前推出的 5 部《熊出没》系

列动画电影，国内上映收获总票房近 20 亿元，是票房最高的国产系列动画电影；还先后在土耳其、俄罗斯、墨西哥、哥伦比亚等多国影院持续上映创佳绩；其中，《熊出没之夺宝熊兵》在土耳其影院票房夺冠。Sony 影业持续购进所有《熊出没》动画电影，发行整个拉美地区。

华强方特动漫作品一开始就瞄准国内与海外两个市场，双语制作发行。我们有 30 多部动漫原创作品出口海外，发行覆盖美国、意大利、俄罗斯、新加坡等 100 多个国家和地区，进入 Nickelodeon（尼克国际儿童频道）、Disney（迪士尼）、Sony（索尼）、Netflix（网飞公司）等主流媒体网络。

肆

我们的主题乐园还输出至乌克兰、中东等国家和地区，特种电影出口 40 多个国家和地区。

开创中国自主品牌主题乐园“走出去”先河

文化和科技相融合的主题乐园与动漫是华强方特的两张王牌。我们的动漫作品揽获了两届中宣部“五个一工程奖”、中国文化艺术政府奖、电影华表奖提名奖、电影金鸡奖提名奖、年度优秀国产动画片、国家动漫品牌等重磅奖项。我们还将动漫产品与主题乐园、特种电影、主题演艺、交互游戏、动漫衍生品等相关领域有机结合，打造完整的动漫产业链。

我想，华强方特能在国内主题乐园领域占有话语权，与我们针对不同区域文化特点提供主题乐园创意设计、定制服务的能力有关。例如：我们围绕南宁与东盟十国紧密的经济合作，打造了南宁“方特东盟神画”主题园；围绕中国西域特色文化，打造了展现丝路文化、边塞古城文化的嘉峪关“方特丝路神画 ”主题园；此外，还有安阳“方特殷商神画”主题园、邯郸“ 中华成语文化主题园”等。

目前，我们已在全国建成运营 20 余座主题乐园。我们的主题乐园还输出至乌克兰、中东等国家和地区，特种电影出口 40 多个国家和地区。中东“方特欢乐世界”已成当地旅游热点，开创中国自主品牌主题乐园“走出去”先河。2018 年 5 月 17 日，世界主题乐园权威研究机构美国主题娱乐协会（TEA）与美国 AECOM 集团联合发布的《2017 全球主题乐园调查报告》显示，方特主题乐园累计接待游客量 3849.5 万人次，持续位居全球第五。

也正是因为华强方特行业领先的高新技术水准，2016 年我们受邀参与国家标准《游乐设施安全规范》（GB8408）修订，2017 年又受邀参与国家《主题乐园工程技术标准》《室内主题乐园设计及建造技术标准》等规范的制定。我们还承担参与了国家“十三五”科技计划国家重点研发计划“游乐园和景区载人设备全生命周期检测监测与完整性评价技术研究”课题的多项科研工作。

我们还有需要持续发力的方向，目前我们主题乐园主要进军的国外市场是中东和欧洲地区。此外，外界一直在说：你们主题乐园这么牛，怎么不在一线城市做？一开始我们的确是不得已而为之，后来发现歪打正着，发展旅游产业不一定要在大城市。老百姓在大城市是“买菜心态”，能省就省，但去周边旅游就不一样，他们会想既然出去玩，那就爽快地把钱花完。

不过我们在珠三角起家，也会想把这里的市场做好。这个一定会实现的。

口述时间
2018 年 12 月 7 日下午

口述地点
深圳市人才园

口——述——者

王　敏

Wang Min

1955年4月出生于河北，曾任深圳市人事局（编办）局长、主任、党组书记，深圳市委组织部副部长，深圳市人力资源和社会保障局局长、党组副书记。

深圳这个城市充满了积极的改革创新精神和先行先试的意识，可以做很多实实在在的事情，可以去实践一些理念，改变一些东西，这是深圳特有的优势。期待深圳继续保持这种魅力，把经济特区的金字招牌擦得更亮，留下更多有志有才的人，为这个城市的发展做贡献，为国家的进步担起探路的责任，这也是改革开放的福音。

王　敏：
深圳是一座人才愿意在这里生根发芽的城市

壹

在中央国家机关前景可期，在基层做事则很不同，深圳经济特区先行先试的优势很吸引人。

来到深圳就不走了

1977 年恢复高考，我从甘肃考回北京，从小对文史哲感兴趣的我，误打误撞在北京大学读了政治经济学。那时候国家发展，以经济建设为中心，老师的第一堂课就是教我们“经邦济世”。1982 年大学毕业，我报考了中央党校的“社会主义商品经济”专业的硕士研究生，因为中央党校的氛围，3 年的硕士研究生生涯，我读了很多马列原著，马列的思维方式在我后来几十年的工作生涯中起到了重要的指导作用。

1984 年年底，全国人大常务委员会办公厅筹建研究室。从中央党校毕业后，我就到了全国人大常委会办公厅研究室工作，主要做政策、立法、社会问题调查研究。1995 年，我从北京中央国家机关到深圳挂职锻炼，担任深圳市人大常委会副秘书长兼办公厅主任。

在此之前，我就与深圳有一个特殊的机缘。

20 世纪 80 年代中期，深圳市人民代表大会的筹备工作开始进行。当时深圳经济特区建设如火如荼，为了让发展更有法制保障，20 世纪 90 年代初，深圳开始申请经济特区立法权。

1990 年 12 月，深圳市人大常委会正式成立，深圳市有关领导立即着手争取经济特区立法权。1992 年，全国人大授予深圳经济特区立法权，这期间，我作为工作人员参与了全国人大授予深圳经济特区立法权草案的起草工作。

当时省人大可以制定条例，但是内容形式都非常有限。国家最高权力机关把经济特区立法权授予当时深圳这样一个城市，这在全国还是第一次，可见中央让深圳闯出一条路的决心非常大。

之后，我曾陪同全国人大常委会的领导来深圳，调研地方立法权行使的情况。

1998 年，挂职期满后，我选择了留在深圳。

那个时候的深圳没有今天这样的建设水平，没有现在这么多高楼大厦，但是这个城市充满了激情和活力。

贰

改革的核心是自我改革，最重要也最难，如果想要有作为，必须有勇气和担当。

率先探索，公务员聘任制和分类改革

2005 年，我出任深圳市人事局局长兼市编办主任一职。同年，《中华人民共和国公务员法》颁布（以下简称《公务员法》），提出了公务员分类管理的概念，其中有两条规定从未有人做过：聘任制和分类管理。

这对深圳是一件非常重要的事情。过去，机关工作人员都被统称为干部。早在 20 世纪 90 年代初，深圳就率先踏上国家公务员制度建设的历程，开辟了党政机关补充工作人员试行公开招考的先河。1993 年，深圳颁布了《深圳市国家公务员管理办法》，在全国都还叫干部管理的时候，深圳就已经在探索公务员管理。

我到人事局后，面临的第一件事，就是《公务员法》的实施。深圳一直走在改革开放的前列，主动探索、先行先试是使命。当时我们就请示深圳市领导争取开展公务员聘任制和分类改革的试点工作，也向当时的国家人事部（现为人力资源和社会保障部）进行了请示汇报。

我们先后跑了几趟国家人事部，部里非常支持。2007 年 1 月，国家人事部批准深圳开始公务员聘任制的改革试点工作。

改革怎么改？首先就是打破“铁饭碗”。

当时国企和事业单位都已经进行了聘任制，将市场的规则引入体制，但是在公务员队伍中一下子大改也不现实。当时我们就先在基层和专业技术部门开始实行聘用制，再慢慢扩大范围。

其实在公务员分类管理改革试点之前，2006 年 8 月，我们就已经率先实施公安专业化改革。那时候深圳有 4 万多名公务员，其中 2 万名左右是公安系统的，如果按照一般的考核晋升途径，哪有这么多的领导岗位安排他们呢？所以我们根据不同系统、不同类别的职位，采用不同的考核管理办法，让各类人员能够各得其所，专心于本职工作，凭借技能和工作经历获得应得的待遇，解决“千军万马挤独木桥”的传统局面。

2008 年，深圳被确定为全国唯一的公务员分类管理改革地方试点城市，改革在深圳市的公务员队伍中推开。之前，公务员管理还是采用“大一统”旧模式：招录一张卷，培训一堂课，考核一根尺，升迁一把梯。造成基层留不住人才、人浮于事、机构膨胀等各种问题。改革后，公务员职位被划分为综合管理、行政执法、专业技术三个类别，工资制度和职务晋升都改变了。

其实，公务员本身也是一个职业，需要一套完整的制度来进行保障，提高管理的科学性。

2006 年，深圳在全国也是第一个吃螃蟹，推行了事业单位的分类改革，这是一件非常难做的事，但深圳也是先行先试，为后来全国的事业单位改革提供了非常宝贵的经验。

当时国家也一直在研究事业单位分类改革，不少领导带调研组来深圳调研，听取我们汇报改革的情况。

后来 2011 年《中共中央国务院关于分类推进事业单位改革的指导意见》出台，文件里的内容，几乎都是深圳先试先行的做法，这等于国家基本上把深圳的做法和经验都予以肯定并加以吸收了。

大部制改革石破天惊

2008 年，国务院进行大部制改革，把行政系统中职能相近、管辖领域雷同的部门进行归并重组，当时人事部与劳动和社会保障部合并为人力资源和社会保障部。

这之后，广东省领导在广东选了两个城市作为机构改革的试点，其中一个就是深圳。

大部制改革的核心就是简化审批，减少部门之间扯皮，提高办事效率。当时省领导对深圳寄予厚望，提出了改革的明确标准和要求，并亲自给中编办有关领导打电话，希望中编办领导予以支持，帮助深圳进行大部制改革。

中编办很快就派了一个工作小组到深圳，和我们一起研究改革方案。我们研究总结了历次机构改革的经验，也学习了其他国家政府管理的特点，最后定下了一个改革力度非常大的方案：一是将 45 个部门一下子砍掉了近 1/3，只留下了 31 个；二是大量减少政府部门的审批权，努力实现市场对资源配置起决定性作用；三是大规模削减内设机构，提高工作效率。

深圳大部制改革方案事前一直处于严格保密状态，包括我们走所有审批程序，都必须严格保密。

最后方案出来时，石破天惊，很多人都没想到深圳大部制改革力度如此大。

过去各个部门经常打报告 ，要求增加编制机构，市编办天天要研究应付，改革之后几乎没人再来找我们要过编制。

后来很多省市来深圳研究考察这里的大部制改革。其实当时深圳做这件事情时，顶着极大的压力，犹如“壮士断腕”，但正是因为这座城市有改革的基因，有改革的环境，最后才能做成。

这是一座人才愿意在这里生根发芽的城市，所谓大象无形，要从长远的观点打造城市的生活环境。

软环境好了，人才自然来

2000 年，我在深圳市政府做副秘书长，有一段时间，协助分管科技的副市长开展工作，当时就发现科技行业有很多人才优惠政策。等到了人事局以后，发现人才工作应是全社会全领域的。当时深圳只有科技行业有一套比较系统的人才优惠政策，我们就想在深圳的各个行业都设立一套吸引人才的奖励标准，不就可以全方位吸引人才吗？学着科技行业，2008 年，我们制定出了加强高层次专业人才队伍建设的“1+6”文件，这是深圳市首个综合配套的人才政策文件，解决了深圳市人才队伍建设中很多突出的问题，包括住房、子女入学、配偶就业、学术交流补贴等。当时这个文件在全国引起了比较大的反响，很多城市都开始跟深圳学。

“1+6”实行的是公开透明的核准制，各类人才标准都写在文件中，人才申请时自己比对，符合标准即可。这就对前期的标准设定有比较高的要求，需要花大力气调研论证。如果标准设定不合理，将带来很多后续问题，所以后来文件也根据实际情况做了多次调整。后来我们也对海外人才制定了一些相应的奖励政策。

后来中共中央组织部下文，组织部在人才工作中发挥好牵头抓总作用，人才计划后期由深圳市委组织部统筹协调各部门推进。

人才引进计划一步一个脚印往前走，也是政策的改进过程。在人才引进初期，我们以金融支持为主要办法，但是我们也慢慢意识到，今后，城市的基础设施、公共环境、产业链条、空气水土、文化教育等城市环境条件才真正是人才扎根的考量标准，政府要从长远的观点看人才引进，应该将其逐渐调整为打造发展环境，物流好、通关顺、医疗教育条件好、生态环境优，这些软环境逐渐提升，人才自然会被吸引而来。只要继续保持改革创新精神，深圳未来的发展就充满希望。

口述时间

2018 年 12 月 12 日上午

口述地点

深圳清华大学研究院 4 楼

口述者

冯冠平

Feng Guanping

江苏武进人，生于1946年，博士生导师，历任清华大学精密仪器与机械学系副主任、清华大学科技处处长、清华大学校长助理、清华大学校务委员会副主任，曾任深圳清华大学研究院创始院长，现任烯旺新材料科技股份有限公司董事长、国际石墨烯创新中心专家委员会顾问。1985年获得日内瓦国际发明银奖，拥有40多项专利，享受国务院特殊津贴。2010年深圳市“市长奖”获得者，深圳市政府科技专家委员会高级顾问，“中国创投界十大风云人物”之一。

我的工作、学习大体上是两个阶段：第一个阶段是50岁前在清华大学学习、留校从事教学科研和管理工作；第二个阶段是50岁后来到深圳，主要是创办深圳清华大学研究院，并且从事产学研相结合的工作，也就是要解决科技成果怎么转化成产品的问题。不知不觉就过去20多年了，作为中国改革开放的窗口，深圳依然处处涌动着创新创造的活力。来到深圳后，我用自己的全部心血，实现了一个中国知识分子以知识报国的美好梦想。虽然我现在已经退休了，但还是希望在高科技领域能为国家引进、孵化出总产值超过千亿元的项目。

冯冠平：
在深圳走出科技成果产业化新路

壹

在主管科研工作期间，我发现清华大学每年都有数百项科研成果受到国家奖励或获得专利，但科技成果转化成产品的能力却很低，这个问题一直萦绕在我脑海中。

知识是力量更是财富

1946 年，我出生在常州武进，老家南宅村位于无锡和常州交界处，离阳山很近，去常州比去无锡还要远，所以小时候我一直以为自己是无锡人。我的求学之路并不一帆风顺，镇里好的中学没有考上，只能去一个借办在庙里的民办中学念书，这座庙在太湖边的一座山上，那些日子，我砍柴、做饭，有时还能看见山上的狼。

1964 年，18 岁的我离开家乡走进清华园，攻读精密仪器与机械学。1970 年从清华大学精密仪器系硕士毕业后留校，主要是从事研究工作，我研究的领域主要是跟精密仪器和传感器有关。1987 年，我们学校的一位著名院士——深圳大学的首任校长张维推荐我到德国一家研究所当访问学者，这个研究所是一家高科技企业。

德国人非常严谨。我去德国时，那里的同事就跟我讲，有什么 idea（想法）一定要书面写下来。当时很多建议我都书面写给教授，原来也没想那么多，等我要离开研究所的时候，教授就把我叫去，告诉我在研究所工作期间，一共提了多少条建议，哪些建议已经申报了专利，哪些建议从知识产权上归我所有，已经申报的专利研究所落实后会给我补偿。在做访问学者期间我获得德国 6 项国家专利。离开时，教授给了我 1 万马克，而当时我的一个月工资才 60 元。所以，德国人给我上了生动的一堂课：原来知识不仅是力量，知识还是财富。

科技成果难以转化成产品

1993 年，我被任命为清华大学科技处处长，1994 年我被任命为校长助理，主管科研工作。在主管科研工作期间，我发现清华大学每年都有数百项科研成果受到国家奖励或获得专利，但科技成果转化成产品的能力却很低，这个问题一直萦绕在我脑海中。

1995 年，我带着花了 10 年心血研究成功的“新型石英晶体力敏传感器”到广东召开发布会，想把这一技术推上科技成果转化的第一线。在发布会上，我做了详细的说明和演示，但现场没有一个人举牌买我的技术。为了能转让成功，我顾不得面子和损失，咬着牙把本来定好的 20 万元起价一降再降：15 万元……10 万元……8 万元，直到降至 5 万元，依然没人举牌。想不到在国际上都处于领先地位，是价值很高的成果，在国内降到 5 万元都没有人要。我当时的心情非常羞愧，恨不得地上有条缝，一头钻进去。

贰

研究院成功孵化了多家高科技企业。到 1999 年年底，研究院孵化器启动一年时，在大楼内“保持孵化”状态的企业达到 60 家。

“深圳清华大学研究院”园区建成

1995 年，深圳确立了发展高科技的战略目标，决定吸引一批著名大学来弥补本地科研实力的短板。当时深圳的意图非常清楚，就是要发展高科技，清华大学目的也很清楚，就是要摸索科技成果转化的道路。于是，清华大学与深圳一拍即合，决定大胆创新在深圳建一所研究院，开启中国新型科研机构的崭新探索。得知消息后，我立即找到时任清华大学校长王大中，主动请缨要到深圳清华大学研究院去，我希望到那里推动科研人员的成果转化成产品。

1998 年，市校合建的“深圳清华大学研究院”园区建成。此时对在外地创办研究院仍有顾虑的清华校方找到我，告诉我这是我积极提倡创建的，还是我去经营管理比较好。就这样，我带着了七八个清华人来到深圳。当时，深圳市给了我们 3 年时间和 20 个编制，要求我们 3 年后完全走向市场。这使初来乍到的我们强烈地感到从此真的要“下海”了。

走上“四不像”的路子

我们来的时候，深圳方面说深圳清华大学研究院是一个正局级的事业单位，那将来变成一个行政机构，还是一个学校？当时我来负责这件事，我们花了几个月的时间在广东做调研，最后拿出一个方案来回答“研究院到底是一个什么样的单位”这个问题。

我认为研究院是大学，但不完全像大学，文化不同；是事业单位，但不完全像事业单位，机制不一样，按企业化来运行；是研究单位，但不完全像研究单位，功能不一样，还具有培养人才、孵化企业、研发产品的功能；是企业，但不完全像企业，目标不一样，企业完全强调经济效益，研究院强调经济效益与社会效益相结合。这就是大家所说的“四不像”理论，也为之后研究院的发展奠定了基础。现在回想起来，也是当时深圳的环境和政策促使我们走上了这条“四不像”的路子。

把研究院大楼当孵化器

深圳清华大学研究院园区刚建成时，除了一幢大楼外，周边都很荒凉。面对着一座空楼，我们想大楼是死的，人是活的。既然只有大楼，那就要把它给用活了。美国、德国不是早就有“孵化器”吗，为什么我们不能利用大楼做孵化器呢？我们可以借鉴国外的做法，建立一个为企业提供各种信息、技术、资金等多方面增值服务的孵化器，这样我们的起点就高了。

我们听说当时有几位深圳大学的老师在开发手机短信服务业务，凭借多年经验，我知道这个产品绝对是潜力无限。于是我们上门请他们到研究院来，告诉他们我们对这个项目的市场前景十分看好，并承诺给他们 2000 平方米的地方。至于租金，可以作为股权入股。这几位老师听完后高兴极了，欣然接受。就这样，这家名为“清华深讯公司”的企业成了研究院“孵化”的第一个“鸡蛋”。5 年后，美国微软公司出价 2000 万美元收购了这家公司，研究院“以租金换股权”的投入方式获得了几十倍的回报。

在清华深讯公司之后，研究院又成功孵化了多家高科技企业。到 1999 年年底，研究院孵化器启动一年时，整个研究院大楼的入驻率达到 90% 以上，在大楼内“保持孵化”状态的企业达到

60 家。孵化器的运作成功，使我们更加坚定地认为当初的选择是正确的。为了解决研究所和创办企业的风险投资问题，1999 年我们还成立深圳力合创业投资公司。经过运作，力合创业投资公司迅速扩张，10 年间资产总额增加了 163 倍。

叁

从 2009 年开始，我们研究院陆续引入了 30 多个石墨烯研究团队，全部都是"海归"。此后我开始全力推进新材料石墨烯的产业化。

发明出红外快速体温检测仪

科研一直都是研究院的立身之本，虽然我们的主战场是科技成果产业化，但我们仍拿出三分之一的时间进行科研。2003 年春，SARS 病毒四处蔓延，患者数字不断上升。我们就开始做研究，经过七天七夜的奋战，2003 年 4 月 18 日深夜，一款能快速检测出"发热"患者的仪器"红外快速体温检测仪"问世了。与此同时，我们还推出了手温测量式、额头定位式、扫描式三种红外快速体温检测仪，以适应不同需求。

从 2003 年 4 月 18 日到 6 月 7 日，不到两个月时间，研究院共计生产和销售各类红外测温仪 20812 台，帮助铁路部门检测旅客 3000 多万人次，共测出体温异常者近万人，确诊为"非典"患者 21 人、疑似病例 38 例。红外测温仪为中国防御 SARS 构筑了一道"钢铁长城"。

石墨烯智能发热服，助力"北京 8 分钟"

2008 年，美国的一家实验室发现有种材料叫石墨烯，是迄今为止世界上最薄、强度最高的材料。我是从 62 岁开始接触石墨烯，我对新东西比较敏感，让深圳的实验室对此做了分析，发现确实很好。2009 年开始，我们研究院陆续引入了 30 多个石墨烯研究人员，全部都是“海归”。此后我开始全力推进新材料石墨烯的产业化，目前企业分布在江苏以及深圳、青岛等地。

深圳是中国最大的石墨烯应用市场，中国的电池、智能穿戴产品和手机制造基地都在深圳，配套条件全国最好，人才也最多。

石墨烯材料发热快，热转化效率极高，性质稳定，使用寿命非常长，发热均匀，是当今最理想的电发热材料。因此，2015 年，我们在深圳创办烯旺新材料科技股份有限公司，是主要从事石墨烯应用研发、石墨烯相关应用产品生产及销售的高科技公司，也是世界首家石墨烯加热应用生产的规模性企业。

2018 年在平昌冬奥会闭幕式上，“北京 8 分钟”惊艳亮相，现场气温为 -3℃。为了做好 72 名演员的防寒保暖工作，主创团队采用了石墨烯智能发热服，来确保他们在穿着较薄的演出服时不会被冻伤，还可以保证动作舒展。这个石墨烯发热服研发生产者就是烯旺新材料科技股份有限公司。

肆

我还有一个投资原则就是“没有争议的不投”。因为能被全部人看到它好的，就不具有前瞻性了，未来发展空间就有限。

将更多精力投向天使投资

2011 年，我卸任深圳清华大学研究院院长。我不当院长以后将更多精力投向天使投资，做天使投资的人就像水里看鱼，看这条鱼能不能长大。另外，在清水里面能看鱼不是投资者的本事，真正的本事是在浑水里摸到大鱼，在浑水里摸到大鱼的前提，就是要在浑水里就能看清哪条鱼能长大。我还有一个投资原则就是“没有争议的不投”，一个项目如果院里的专家、教授科研团队评估时，一致觉得可以投的，我就决定不投了，如果是有争议的，我就投。因为能被全部人看到它好的，就不具有前瞻性了，未来发展空间就有限。

当时，我们天使投资就投了两个东西，一个是超材料，另一个就是石墨烯。很多人都不看好，说冯院长已经“疯了”。可是这两个技术，当时全世界有几个人懂？一些颠覆性科技，那不是说什么人都会懂的，你让他们来表决，大部分人都会反对。现在这两个投资，过了10年，刘若鹏（光启研究院创始人）的项目（超材料）争议也还挺多的，石墨烯相对来说稍微小一点，但相比刚开始，争议已经越来越小。其实有争议是好事，争议可迎来创新。

感恩清华和深圳

以前总有人问我北京那么好的条件，都50岁了怎么还跑到深圳去？我开玩笑说深圳氛围好啊，其实主要是深圳市场化发育比较早，科研发明在深圳开花结果的可能性比较大，后来事实证明也确实如此。

我之所以在深圳的路能越走越宽，我觉得这一切应感谢清华和深圳。清华给我提供了一个舞台——让以前纯粹搞研究的我来管全校的科技工作；而深圳给了我另一个舞台——抓住科技创业的机会，走出了科技成果产业化的新路。我喜欢深圳这个“移民城市”，氛围好，思想比较解放。如果在世界上让我选择生活的地方，我会选两个：一个是深圳，另一个是硅谷。因为这两个地方移民集中，高科技发展快，氛围也比较自由。而且，目前深圳的发展势头并不比硅谷差。

口述时间

2019年1月2日下午

口述地点

深圳市建艺大厦9楼

口 ———— 述 ———— 者

陈蔼贫

Chen Aipin

1962年出生于安徽合肥，无党派人士，著名房地产研究专家，原深圳物业管理研究所所长。现任深圳市住房研究会会长、深圳市决策咨询委员会委员、第六届深圳市政协委员。

深圳成就了千千万万的深圳人，也是我梦开始的地方，成就了现在的我。来自五湖四海的深圳人让深圳迸发了无限的活力，很好的法治化和市场化环境以及永不止步的创新改革，造就了深圳这片热土。在这片土地上，我依然有梦。未来，我将携手同仁，将深圳市住房研究会打造成为中国的“兰德公司”，不仅为政府服务，继续参与政策法规的制定，还要为社会和市场服务，为深圳的建设添砖加瓦，为建设“美丽深圳”做出自己的贡献。

陈藹贫：

为深圳住房保障建设倾力献策

壹

我最早想去海南从事证券行业，偶然路过深圳，便喜欢上了这个充满活力的城市。即使返回故乡，依然魂牵梦绕，于是决定在深圳发展。

路过深圳，念念不忘

我出生于安徽合肥的一个普通干部家庭，1982 年我从安徽省财政学校毕业后留校任教，后考入上海财经大学，毕业后又回到故乡，在安徽省财政学校教了多年财政学和经济法课程。几年的教学工作，使我养成了读书、思考和写作的习惯。

1995 年，我离开故乡来到深圳。当时我本想去海南从事证券行业，仅是路过深圳。没想到在街头遇到了我教书时的一位同事，他乡遇故知，分外高兴，谈话间他极力挽留我在深圳发展。有天深夜，我从居住的红岭大厦的窗口往下看，人潮川流不息，人们的脚步急促而坚定。我瞬间被一个念头击中：我要留在深圳！

可拳脚还未来得及施展，因父亲生病，我不得不回乡照料。半年中，我不止一次夜里梦回深圳，梦到那川流不息的人潮。父亲身体康复后本想留我在身边，可看我如此热爱深圳，还是放手让我回来了。

1996年回到深圳后，我以第二名的成绩考入庐山置业公司，被分配到其下属的物业管理公司任经营部经理，主要工作任务之一是负责深圳“庐山大厦”等项目的“创优达标”和物业公司ISO9000质量认证。“创优达标”是当时中国物业管理的最高荣誉，ISO9000则是风靡全国的质量管理体系认证。

当时深圳物业管理界群雄并起，我却还是十足的门外汉。为了突出重围，我从零开始学习研究物业管理的相关法律法规。在我和团队的不懈努力下，“庐山大厦”项目仅用一年就拿到了国家优秀物业管理大厦的荣誉，物业管理公司也顺利通过了ISO9000质量认证，我也真正进入了物业管理业。

走上物业管理研究之路

20世纪90年代，全国的物业管理还比较落后，但深圳一直走在前列，不断创新。

一方面，是1988年深圳房改后，亟须物业管理。另一方面，深圳实施机关企事业单位后勤体制改革，大量后勤单位“转企”为物业管理公司，激烈的竞争也促进了整体管理水平的提升。

但行业快速发展的过程中难免会产生一些问题，深圳的物业管理行业也是如此。

例如，物业管理的属性问题，是商品还是公共产品或是准公共产品；“业主大会”究竟是什么组织，它为什么“只能当原告，不能当被告”，是否存在“只有权力，没有义务的问题”；中国物业管理发展的“市场化”过程是否存在问题，中国物业管理是否存在超前问题；中国物业管理的集约化、规模化、经营模式“路在何方”；等等。

我开始“发声”，就这些问题发表了一些专业性的文章，呼吁法律的保障，并身体力行在所在公司系统推动改革创新。

后来，我被选调到集团从事房地产开发工作，这非但未使自己远离物业管理，反而得以从更高的角度多维观察思考物业管理。不知不觉间，我踏入了物业管理研究的行列。

1999 年，我离开公司来到深圳市房地产管理培训中心，从事物业管理培训。那段时间，我和同事们几乎跑遍了全国，向全国物业管理企业的经理、高管推广深圳在物业管理方面的先进经验。

高强度工作使我对物业管理的研究更加深入，在《中国物业管理》和深圳的《住宅与房地产》杂志发表了许多论文，引起了物业管理研究界的注意。2005 年，在深圳物业管理研究所董事会的邀请下，我开始担任研究所所长。

贰

“公共租赁住房”和“安居商品房”的概念提出并实施后，深圳的住房保障真正实现了“多渠道，分层次，广覆盖”的目标。

参与住房保障研究

我刚到深圳物业管理研究所时，研究所面临着财务亏损、人员流失、研究课题枯竭等问题。2006 年恰逢机构改革，深圳物业管理研究所被归入原深圳市国土资源和房产管理局（以下简称为“原国土房产局”）旗下，迎来了新的机遇。

起初，研究所和原国土房产局互不了解，我要求全所上下“只求耕耘，不问收获”，主动为局里做了很多工作，如参与各种会议，建言献策等。这种高强度的参与让我们成为体制外的重要力量，赢得了各级领导的信任。此后，政府开始支持我们研究所的工作，研究所的发展步入了正轨。

同年，全国房价开始上扬，住房保障成为一个全国性的民生问题。为了解决该问题，国务院发文，明确要求各级政府加强住房保障工作，深圳也配套出台了关于加强住房保障工作的意见。

2007 年，深圳市多名人大代表提出了一个关于住房保障的重点提案，意在缓解人民群众住房困难问题。市政府将此提案交由原国土房产局办理。由于此事关乎民生，局里高度重视，调集了各方力量，研究所在其中担任了重要角色。

大家加班加点、夜以继日、斟字酌句，终于不负重托，圆满完成任务。时至今日，我依然记得当时市人大批复重点提案的两句话："重点提案办得好，材料写得也好！"

此后，研究所的工作重心也开始转向深圳住房保障研究。

紧急之下提出"公共租赁住房"概念

2006 年年底，在深圳市政府拟订 2007 年政府工作计划的内部工作会议上，市里主要领导提出要在 2007 年年底前，向全市中低收入家庭提供 6000 套经济适用房，这其中包括侨香村、深云村和桃源村二期的房子。但后来在研讨时，我们发现根据相关文件规定，侨香村、深云村的房子不能纳入经济适用房，如此一来，可用经济适用房缺口多达近 3000 套。

但提供 6000 套在内部工作会议上已定下，只能想办法解决。

当时，深圳原有的保障房形式有两种，即用来出售的经济适用房和租赁给"双特困户"的廉租房。但有不少市民既买不起经济适用房，又不能享受廉租房政策，两者之间存在一个住房保障的"夹心层"，即使政府足额提供 6000 套经济适用房，这个"夹心层"仍然无法惠及，必须另辟蹊径。

于是我们向原国土房产局领导提出是否可以在此思路上进行突破。很快，上下各方达成共识，增加深圳住房保障的品种——

公共租赁住房。随即我们撰写了深圳公共租赁住房研究报告，在得到原国土房产局主要领导同意后，我和局分管领导、业务处室领导前往北京，向住房和城乡建设部领导做汇报。当时住建部保障司领导在听取汇报后当即在报告上批示，建议解决两个“夹心层”住房问题，即在深圳提出的“夹心层”基础上，扩大公租房的覆盖面，同时解决既买不起商品房，又不能享受经适房的另一个“夹心层”住房问题。

深圳公共租赁住房的闪亮登场，不仅解决了近 3000 套供应住房的缺口，更把深圳的住房保障制度推进了一大步。

2008 年，《深圳市公共租赁住房管理暂行办法》颁布实施。2012 年，住建部颁布了《公共租赁住房管理办法》，其中吸取了很多深圳的经验，深圳模式再一次在全国推广。

“定地价竞房价”

2010 年，深圳市住房研究会成立，由我担任会长。那年住房研究会最重要的贡献之一就是参与起草了《深圳市安居型商品房建设和管理暂行办法》。

在这个文件中，深圳又首先提出了一个概念——“安居型商品房”。

“安居型商品房”面向具有深圳户籍并且没有房子，不属于经济适用房保障范围又买不起市场商品房的市民。原有的公共租赁房概念只解决了住房“租住”的问题，我们意图通过“安居型商品房”解决住房“购买”的问题。

当时，在起草这个文件的过程中，我们遇到了一个关键的问题：“安居型商品房”的地价怎么定？

过去有种叫“限价商品房”的保障房“限房价竞地价”，即土地挂牌出让时就已被限定房屋价格、建设标准和销售对象，政府对开发商的开发成本和合理利润进行测算后，设定土地出让的价格范围，由开发企业竞地价，实际是企业让利。但由于企业不愿单方面让利，导致这种房在拍卖中经常流标。当时深圳只有一个项目成功，后几经周转，方才实现销售。

因此我们提出“定地价竞房价”，在安居型商品房中，政府首先在地价上让利，安居型商品房地价是评估价和基准地价加起来除以 2，基本是市场价的 1/3。“竞房价”则是要开发商反向往下竞价。深圳安居型商品房推出后，实际价格基本不超过市场价的 50%，解决了深圳人才和“夹心层”群体的购房问题。

自这一概念落实后，深圳的住房保障真正实现了“多渠道，分层次，广覆盖”的目标。

叁

实现每个人的安居梦仍任重而道远，但深圳已经风雨兼程。我相信，在法治化、市场化的力量推动下，深圳的未来会更加美好。

房改任重而道远

2012 年，在大量调研的基础上，我们参与起草了《深圳市住房保障制度改革创新纲要》（以下简称《纲要》）。即使从今天来看，这个文件仍具有高度的前瞻性。

在《纲要》中，我们提出建立保障性住房轮候制度，轮候信息向社会公开，接受社会监督，实现保障性住房阳光分配。后来实施的过程中，出现了一些争议，当时面对质疑，我们传达的理念是“诚信申报”，每个人签署承诺书，对自己的行为负责，政府保留核查权。一旦查实，违法者将面临全国最严厉的处罚，不仅终身取消申请资格，还将面临最高罚款 20 万元。

我们还提出保障房要封闭运作，杜绝保障房流向商品房，斩断保障房获利的链条。过去保障房可以进入商品房市场，吸引了一些不符合条件的申请人违规寻租，利用其增值空间赚取利润，而做出这样的规定，旨在从根本上杜绝以此渠道获利，还住房保障初衷。目前，人们对这一制度已经达成共识，并将在之后住房制度改革文件中逐步体现。

在住房保障的基础上，深圳一直重视人才队伍的建设。在深圳发展过程中，人才非常重要，也是一座城市的根本。

2018 年 8 月，我们参与了《深圳市人民政府关于深化住房制度改革加快建立多主体供给多渠道保障租购并举的住房供应与保障体系的意见》的起草。文件对保障对象做了更加明确的划定，更重要的是明确提出了对人才住房的侧重，配合整个深圳人才战略。

当然，目前轮候库中的轮候家庭如何消化，新旧政策如何衔接，都是下一步无法回避的问题，实现每个人的安居梦仍任重而道远，但深圳已经风雨兼程。

未来仍充满希望

深圳市住房研究会虽然是个体制外的机构，但“位卑未敢忘忧国”，做中国“兰德公司”依然是我们的梦想。未来，我们将从自我改革开始，为社会和市场提供更多的服务，不仅助力深圳住房保障的改革，也增加市场化运作的比例。通过我们的研究让开发商、居民都能有一个参考方向，引导大家一起创造一个更宜居的城市，使城市的布局更加合理，也让未来的住房业有更大的发展空间。

一直以来，深圳最吸引我的地方有三个，一是深圳的法治化、市场化环境，二是深圳的包容文化，三是深圳的自然环境。

我相信深圳的未来会更加美好。

口述时间

2019年3月5日下午

口述地点

深圳市政协会议厅

口述者

王晓明

Wang Xiaoming

浙江金华人，1961 年 5 月出生，博士研究生学历，园林教授级高级工程师（二级），现任深圳市风景园林协会技术委员会主任。历任深圳市莲花山公园管理处主任、深圳市园林科学研究所副所长、深圳市公园管理中心总规划师等职。2007 年获得“享受国务院特殊津贴专家”，2009 年被评为深圳市高层次专业人才，成为深圳市园林绿化专业方面唯一获得此殊荣的高层次专业人才。

1995 年，博士研究生毕业后，我入职深圳市政府城管办，开始踏入园林绿化建设领域。23 年间，我先后主持了深圳湾公园建设、莲花山公园南区建设、莲花山公园山顶广场绿化工程等多项市级重大工程的建设任务，用自己的专业知识为深圳园林绿化建设出谋划策。

我最想感谢的是深圳的决策者。他们有魄力、敢闯敢做，在深圳这块寸金寸土的地方上，划出这么多公园与绿道。他们善听意见，对我们提出来的建议持开放的态度。正因如此，我的专业知识有了用武之地，能为深圳贡献一份力量。

王晓明：

用专业知识为深圳园林绿化建设出谋划策

壹

命中注定我要做园林绿化建设这一行。

机缘巧合进了林学院

说起我的童年，还是颇为坎坷的。我在浙江省金华市虎鹿镇长大，在我幼时，父亲被划为右派，家庭经济十分困难，母亲独自担起重任。所幸我学习成绩不错，特别是数学，满分 100 分的卷子我能考 120 分，多出来的 20 多分是因为我用不同的方式解出相同的题目，是数学老师给予的鼓励加分。所以那时，我的目标是清华、北大。

上了高中后，由于学校规定要学工、学农，每天我们得花上半天时间去劳作，学习时间被压缩了一半。说起来有些惭愧，我父亲是语文老师，但我的语文成绩却一直平平。诸多原因导致我高考失利，我服从分配去了当时的浙江林业学院。那时觉得是无奈之举，却不曾想到，未来几十年，我与林学结下不解之缘。

1985 年，本科毕业后，我到陕西师大读研，继续钻研林学，毕业后留校任教。任教期间，我担心自己会落后而感到压力重重。与妻子商量后，我决心考博。1995 年，我取得华南师范大学博士学位，当时导师已经办好手续让我留校工作。然而，已在学校生活多年的我想出去闯荡，于是我拒绝了导师的好意，只身来到深圳。

初到深圳，满是失落

刚到深圳时，我找到一家企业，企业老板见我是博士，担心在他那工作屈才，便将我介绍到了市城管办。

入职市城管办后，我被分配到绿化处。绿化处就在四川大厦旁边的一个小楼里，绿化处主任一听我是博士，反而婉拒了我。在他眼里，种树种草哪需要博士。当时许多人对园林的认识较浅，认为把黄土盖住，种点好看的树就行了。

后来人事处又把我调往莲花山公园管理处。我清楚地记得，那天的报到时间是下午 2 点，我 12 点就到了。那时莲花山西边全是荒野，办公楼也是临时搭建的。以前我在学校任教，各方面都不错，来到这里却这么荒凉，我一个人坐在楼道等了两个小时，心中满是失落感。

但这股失落的情绪很快被冲散了。我发现，身边许多同事都与我一样，是来深建设者，大家既朴实，工作又卖力，有着良好的氛围。我每天穿着胶鞋，戴着草帽，又是种树又是挖土，皮肤晒得黑黝黝的，一天下来，虽然辛苦，但吃得好睡得香。

贰

园林绿化建设不仅是为了美观，更是为了提升人们的生活品质和健康。

将梅林公园打造成保健型公园

2001 年，我调任梅林公园管理处主任，负责梅林公园古荔区建设。结合梅林公园用地以山地为主的特点，我提出保护自然景观与适度人文活动相协调的设计理念，将梅林公园建设成为具有保健型功能的公园，这也恰好响应了市政府对于全民健身的号召。

确定设计理念之后，公园里许多细节都是围绕全民健身展开。比如我们会建设登山路和坡道，给市民增加运动难度。配置的树木除了美观，也会考虑其实用性。比如有些树木会自动挥发一些物质，人们在锻炼过程中吸入这些物质，具有保健功能。

为了让保健型公园的理念站住脚跟，我还申请了深圳市科技局的科研项目“岭南园林植物保健型挥发物质生态效应研究”，2002 年 12 月获得批准。后与中山大学合作完成 100 多种岭南园林植物挥发性物质的检测工作，取得了阶段性成果，形成了总结报告，还获得了 2005 年度深圳市科学技术二等奖。

另外，为了营造色彩丰富、具有季相变化的浮层混交林结构的生态景观，在植物配置方面，我们在乔木、灌木和花草的搭配，叶色和花色的搭配以及树种和树型的选择等方面都下了很大的功夫，前后一共用了 300 多种植物，生物多样性在梅林公园中体现得淋漓尽致。

以前人们总以为种树种花只是个体力活，但实际上，要规划好一整片区域需要精确的专业知识。比如不同种类树木种在哪里能遮阴，种在哪里能长高都非常有讲究。我跟人事部门领导提出，要在公园里设教授级高级工程师，当时他们都很不解。后来他们看到我做出来的成果，也同意了我的观点。从那以后，每个公园都配备一个教授级高级工程师。

建设珠三角绿道网

2010 年，广东省委办公厅、省政府办公厅印发了《关于开展珠三角绿道网规划建设的工作意见》，由此拉开了珠三角绿道网规划建设的序幕。

作为广东省主要城市之一，深圳市也紧接着出台了《深圳市绿道网规划建设总体实施方案》。我从梅林公园调到了绿化管理处，与同事一起负责 300 公里绿道建设。300 公里虽然不是很长，但绿道要从市中心一直延伸到郊野，有些还要经过果园和菜地，工程量很大。获得批准之后，我们规划好路线，将工作分配到各个区、街道，一层层落实下去，以提高工作效率。

在选线的时候，我们把“二线关”边防道也纳入了绿道路线。当时“二线关”那条路的石板很古朴，我觉得非常有意思。而且“二线关”边防道作为曾经的历史之路，被纳入绿道，也算是深圳绿道的一个文化特色。

同时，我们在建设深圳绿道服务设施时，驿站均由移动式旧集装箱改造组合建成，这样做既减少了土建工程，又节约了建造成本，还可以根据绿道的运营情况灵活调整服务节点的位置。这种由集装箱改造而成的驿站，每个造价在数千元，好一点的一级驿站也不会超过 10 万元，远低于普通钢筋水泥驿站的造价。

深圳绿道在设计、施工、维护方面，一直坚持保护生态的原则，没有大砍大建，在兴建大量绿道工程时，做到了对生态环境的最低程度的扰动。绿色、低碳理念是深圳绿道规划设计和建设管理方面的宗旨。

事实上，深圳市历届市委、市政府都十分重视园林绿化环境建设，出台了若干政策法规去规范深圳的园林绿化建设。早在1994 年，深圳市政府就出台了《深圳经济特区城市绿化管理方法》，规定特区城市新建区的绿地面积（含公共绿地和单位附属绿地）应不低于总面积的 50%；改造旧城区时，绿地面积应不低于总面积的 30%。

正是这些举措的推动，深圳市如今建成绿道 2443 公里，公园总数达 942 个，成为全国公园最多的城市之一。

叁

在其位谋其职。对于我来说，就是要利用自己的专业知识为领导决策提供专业意见。

提建议为工程省下近 20 亿元

除了绿道，深圳湾公园也由绿化管理处负责筹建。在我们接手前，市规划部门委托美国 SWA 公司对深圳湾公园进行了规划设计。因为深圳湾公园与香港隔海相望，香港那边是山，于是他们想对应香港山脉的高度，将深圳湾公园也填高。

这个规划送到我们手中时，我们都有些震惊。如果按照对方的要求高度填土，最高得有 18 米，填土量很大，至少得花 4 亿元。另外最高 18 米的填土，放坡的边坡就得跨越滨海大道内侧，做好的绿化带也会被破坏。

为了让领导了解这件事，我跟几个同事买了一些气球，将气球挂在深圳湾公园的路边，气球的高度对应对方设计填土的高度。

挂好后，我便邀请相关领导来到现场。

领导看了之后，问我怎么回事。我一五一十地阐述了背后的缘由。同时向市领导建议，不用填土，只需将现有的绿化带改造梳理一下，就可以纳入公园里了。

同时，A 区桥头那个地方本来要做软基处理填海——软基处理就是建筑之前如果地基不够坚固，为防止建筑后地基下沉拉裂造成建筑物不稳定等事故的发生，需对软地基进行处理，使其变得足够坚固，提高软地基的固结度和稳定性至设计的要求的过程——但软基处理成本非常大，要耗费 12 亿元，因为海洋里边淤泥是很浮软的，需要进行很工程化的一个软基处理。于是我跟领导反馈，因为如今公园暂时不建楼，就让其自然沉降十几年，如果之后公园里要建设配套建筑，再来做软基处理。

当时市领导很开明，经过多方讨论，最终采纳了我的意见，也为工程省下将近 20 个亿。

用科研成果为深圳园林绿化建设提供支撑

尽管我长年在基层工作，但我并未放弃园林绿化方面的科学研究，力求为深圳园林绿化实践工作提供更科学、更有效的方法。

从 1997 年任园林高级工程师以来，我共完成专题研究报告 5 个、学术论文 32 篇。我先后组织过“深圳市暖季型草坪杂草化学防治”“深圳市莲花山公园生态资源调查及环境评估”和“深圳市梅林公园、围岭公园生态资源调查及环境评估”“深圳市梅林山郊野公园植被类型与特色植物资源及其生态景观调查与评估”“深圳市银湖山郊野公园植被类型与特色植物资源及其生态景观调查与评估”等研究课题，科研成果已在公园规划、建设和管理中得以应用。

2012 年，我调任深圳市中科院仙湖植物园管理处主任，在那几年里，我也极力推动植物园的科研发展。

植物园不仅仅是市民散步休闲的地方，它还有科研科普、引种保育的职能。在科研上，我和同事合作，在*Nature Plants*（《自然植物》）等国际杂志上发表了多篇学术论文。在引种保育方面，我们和台湾的一些专家合作，把他们的模式复制过来运用到了仙湖植物园。

2018 年，我退休了。回顾过去的 23 年，我参与了多项重大工程建设，用自己的专业知识为深圳园林绿化建设出谋划策，为深圳贡献了一份力量。

后记

继《深圳口述史》图书第一辑、第二辑出版后，在市政协及社会各界共同努力下，《深圳口述史》图书第三辑也出版发行了。本辑分为上、中、下三卷，记录了100位在2002—2012年间来深建设者追梦、圆梦的故事。通过这些故事反映出深圳经济特区发展的历程，折射出深圳经济特区改革开放创新发展的光辉成就，再现了不同领域、不同群体、不同职业的深圳人在改革开放大潮中创业创新、探索奋斗的火热生活。

本书编纂、出版过程中，深圳市政协高度重视，文化文史委狠抓落实，多措并举，推动项目有条不紊地开展。深圳市史志办公室核对史料、史实，对文稿内容提出了宝贵的修改意见。《深圳晚报》团队精益求精，以极其严肃和认真的态度对待每一位口述者，整理访谈录音文字近300万字，写作并刊发100期专栏；与此同时，在喜马拉雅音频平台推出100期“语音版”口述史，让更多人聆听“深圳声音”，感受“深圳精神”。深圳市越众文化传播有限公司组织图书编排，并进行装帧设计，强化风格。海天出版社团队根据相关法律法规及国家标准审核稿件，严格把关，确保图书的高品质。

在此，一一表示感谢。

编者

2020年5月

《深圳口述史 2002—2012》
图书制作团队

项目执行 越众文化传播
监　　制 南兆旭
统　　筹 颜海琴
设计总监 李尚斌
美术编辑 王秀玲
媒体支持 《深圳晚报》